KNAUR.LEBEN

Richard Lister

Die Magie der Runen

Nutze die Kraft der
alten Zauberzeichen
für deinen Alltag

Aus dem Englischen
von Marion Zerbst

KNAUR.LEBEN

Die Originalausgabe erschien 2021 unter dem Titel
Runes Made Easy bei Hay House Inc. USA.

Besuchen Sie uns im Internet:
www.knaur-leben.de

Aus Verantwortung für die Umwelt hat sich die Verlagsgruppe Droemer Knaur zu einer nachhaltigen Buchproduktion verpflichtet. Der bewusste Umgang mit unseren Ressourcen, der Schutz unseres Klimas und der Natur gehören zu unseren obersten Unternehmenszielen. Gemeinsam mit unseren Partnern und Lieferanten setzen wir uns für eine klimaneutrale Buchproduktion ein, die den Erwerb von Klimazertifikaten zur Kompensation des CO_2-Ausstoßes einschließt. Weitere Informationen finden Sie unter: www.klimaneutralerverlag.de

MIX
Papier aus verantwortungsvollen Quellen
FSC® C014496

Deutsche Erstausgabe 2023
Knaur.Leben Taschenbuch

Ein Imprint der Verlagsgruppe
Droemer Knaur GmbH & Co. KG, München

Redaktion: Franz Leipold
Covergestaltung: ZERO Werbeagentur
Coverabbildung: © Trigubova Irina, PixieMe, monkographic, aekky/shutterstock.com
Alle Abbildungen im Innenteil von Richard Lister
außer S. 19, 39, 213 von Jaanus Jagomägi/Unsplash
Satz: Adobe InDesign im Verlag
Druck und Bindung: GGP Media GmbH, Pößneck
ISBN 978-3-426-87942-9

4 5 3

Dieses Buch ist dem Gott der Könige gewidmet,
dem Wanderer, dem Wütenden, Herrn Mittwoch: Odin.

Leanne und Sarah danke ich mit dieser Widmung für
ihre Ermutigung und ihr begeistertes Engagement.

Außerdem widme ich dieses Buch
meiner wunderbaren Frau Lisa, ohne deren ständige Beratung
und Unterstützung es niemals entstanden wäre.

Während du in deinem sicheren Zuhause sitzt,
umgeben von Frieden, Komfort
und all den Annehmlichkeiten der Zivilisation,
erinnerst du dich, Leser, an die Energien früherer Zeiten?
Steigen Erinnerungen an früher in dir auf, als dein Leben noch von Kraft und Leidenschaft erfüllt war?
Selbst jetzt, nach Hunderten von Jahren,
schimmern und strahlen sie immer noch im Glanz der Mitternachtssonne
oder verdunkeln sie sich, wie Blutflecken in den Annalen der Geschichte?

Kann dein Geist, von Schlaf und Delirium erlahmt,
deine Seele zu den Freuden und Schmerzen der Vergangenheit zurückführen?

… Dann folge mir.
Ich werde dich auf diesem Weg geleiten.
Obwohl …
Dein Herz wird dich besser führen als ich.
Darauf verlasse ich mich, und so wollen wir nun beginnen.

Zacharias Topelius, *Fältskärns berättelser 1856–1867*
(ins Englische übersetzt von Richard Lister)

Inhalt

Vorwort

Ich möchte hier von vornherein klarstellen, dass dieses Buch ein Leitfaden ist, der auf meinen eigenen Studien, persönlichen Praktiken und Erfahrungen beruht. Also arbeite einfach mit diesen Anleitungen und wachse innerlich daran, so wie es sich für dich gut anfühlt. Fülle die Lücken meines Buches mit deiner eigenen Kraft und Erfahrung.

Was ich dir hier vermitteln möchte, ist eine Beziehung zu den Runen, damit du mit ihnen arbeiten kannst – mit jenen Runen, die schon seit Jahrtausenden zum Zweck der Kommunikation, Zukunftsschau und Heilung verwendet werden. Nutze sie als Weg, um Zugang zu deiner Kraft, Kreativität und Freude zu finden. Nutze sie, um zu erkennen, dass unser Verhalten einfach nur durch soziale Konditionierung geprägt ist und nichts dagegenspricht, die Spielregeln ein bisschen abzuändern. Ich möchte dich an dieser Stelle sogar ausdrücklich dazu ermutigen! Erlaube dir, das großartige, eigenständige menschliche Wesen zu sein, als das du geboren wurdest!

Zunächst einmal möchte ich mich dir vorstellen. Du sollst meine persönlichen Neigungen und Vorlieben kennenlernen und wissen, was mich zu dem Menschen gemacht hat, der ich heute bin, und warum es dir etwas bringen kann, dein Vertrauen und deine Energie in meine Botschaften zu setzen.

Ich bin ein Mann, in Kent (England) geboren und aufgewachsen, knapp zwei Meter groß und ziemlich kräftig. Ich trage einen Bart und war in den letzten 15 Jahren meistens als

Wikinger gekleidet. Das »Wikingertum« liegt mir förmlich im Blut: Meine Vorfahren stammen von den Normannen ab, und von dort aus geht meine Abstammungslinie noch weiter zurück bis zu den norwegischen Wikingern von Göngu-Hrólfr (Rollo).

An der Universität entdeckte ich das »Heidentum«, und es fühlte sich gut an – in gewisser Weise erinnerte es mich an früher. So bin ich zu den Runen gekommen.

Eines Nachts befand ich mich in einem heidnischen Camp auf einem Feld inmitten eines alten Waldes. Die meisten Leute waren schon schlafen gegangen; nur die ganz Unverwüstlichen saßen noch am Lagerfeuer.

Was ich jetzt zu erzählen habe, hört sich vielleicht seltsam an, aber es ist tatsächlich passiert. Also sag nichts, sondern hör mir einfach zu.

Plötzlich erlebte ich eine Vision: Eine Gottheit stand vor mir in den Flammen und sagte, ich solle die Medizin und die Heiltechniken meiner Vorfahren erlernen, um der Menschheit besser dienen zu können. Dieser Gott hatte nur ein Auge und hielt einen Speer in der Hand: Odin, der nordische Götterkönig, Gott des Krieges und der schamanischen Heilkunst.

Ich war zutiefst erschüttert. Nach dieser Vision starrte ich gefühlt noch stundenlang ins Feuer, bevor ich mich in mein Zelt zurückzog.

Das war der erste von vielen Besuchen Odins; und seit dieser ersten Vision haben sich auch zwei Raben – Hugin und Munin – oft bei mir eingefunden, um dafür zu sorgen, dass ich dem Ruf auch wirklich folge.

Um es ganz klar zu sagen: Wenn Odin spricht, höre ich zu.

In den letzten 15 Jahren habe ich mich also der Heilkunst verschrieben. Und zwar in all ihren Formen: Ich habe in der Notaufnahme eines Krankenhauses gearbeitet, mich zum Krankenpfleger und Yogalehrer ausbilden lassen, die uralten Praktiken des Ayurveda und der Massage erlernt und mich mit NLP, Psychologie und Traumaheilung beschäftigt; außerdem habe ich während dieser ganzen Zeit täglich mit Runen gearbeitet und mich von ihrer Weisheit, Heilkunst und Magie inspirieren lassen – sowohl in meiner persönlichen Praxis als auch bei meiner Arbeit mit Klienten. Und warum? Weil Runen uns genau die richtige Medizin für unsere heutige Zeit bieten.

Runen sind keine Wahrsager, sondern Wegweiser. In einer Welt, in der wir uns unserer Macht beraubt fühlen, geben sie uns diese Macht wieder zurück: die uralte Fähigkeit, in die Nebel der Zukunft zu blicken, uns selbst zu helfen und zu heilen und/oder die Selbsterkenntnis zu erlangen, die man braucht, um die richtige Richtung/den richtigen Menschen/die richtige Hilfe zu finden.

Man könnte also sagen, dass Odin mich auf diesen Weg geführt hat. Odin hat mich dazu gebracht, dieses Runenbuch zu schreiben, um dir zu helfen, damit auch du dich – genau wie ich – an die Magie, Heilkunst und persönliche Macht erinnerst, die in den Runen steckt.

Danke, Odin.

Einleitung

Bevor das Christentum in den hohen Norden kam – in einer Zeit, als die Menschen auf dem rauen, kargen Boden der gefrorenen Fjorde ein hartes Dasein fristeten –, wurde Macht in Stein geritzt. Diese Macht wurde den Menschen von den Göttern und Göttinnen verliehen, damit sie mit ihrer Hilfe kommunizieren, zaubern, die Zukunft voraussagen und ihrem Leben ein Denkmal setzen konnten.

Diese Macht kam in Form von Runen zu uns.

Runen sind Linien, die in Stein, Knochen, Metall oder Holz eingeritzt wurden, um uns Energie und bestimmte Bedeutungen zu vermitteln. Diese uralten Sigillen – mystische Linien und Symbole – gibt es in ganz Skandinavien; sie wurden aber so häufig verwendet, dass sie sich im Lauf der Zeit über Frankreich bis zum Mittelmeer, über ganz Großbritannien und manchen Quellen zufolge sogar bis nach Kanada ausgebreitet haben.

Anfangs waren diese Runen ziemlich einfach und stellten Elemente aus dem Umfeld ihrer Benutzer dar: wilde Tiere, die die einsamen Wälder durchstreiften; Dornen, die einem das Fleisch zerrissen; Holz, das langsam wuchs. Gemeinschaft, Familie, Jahreszeiten und Elemente – all das ist in den Formen und Symbolen der vor 1700 Jahren verwendeten ältesten Runen eingefangen, dem Älteren Futhark.

Futhark

So wie wir die Aufeinanderfolge unserer Buchstaben als »Alphabet« bezeichnen, wird die Runenreihe »Futhark« genannt.

Unser Alphabet trägt diesen Namen, weil der erste Buchstabe auf Griechisch Alpha (»A«) und der zweite Beta (»B«) heißt: Alphabet. Für das Futhark gilt genau das Gleiche: Dieses Wort besteht aus den Lauten der ersten sechs Runensymbole.

F, U, Th, A, R und K: Futhark.

Im Lauf der Zeit veränderten sich die Menschen – und die Runen mit ihnen. In Europa gab es unterschiedliche Varianten des Runenalphabets, die aus den Interaktionen der verschiedenen europäischen Völker mit der Natur, den Göttern und der kosmischen Energie entstanden sind. Da es verschiedene Sprachen gab, mussten die Runennamen an die Laute angepasst werden, die die Menschen hörten und sprachen. In Skandinavien wurde aus dem Älteren das Jüngere Futhark, eine kleinere Runenreihe mit abstrakteren Inhalten. In Britannien hatten die Sachsen, Angeln, Jüten und Northumbrier jeweils eigene Runenlieder, und in Northumbrien gab es sogar noch zusätzliche Runen. Die Dänen und Balkanvölker hatten wiederum andere Vorstellungen von der Botschaft der Runen. Trotzdem wurden Runen nach wie vor zur Kommunikation und Wahrsagerei verwendet, man bezog daraus Ratschläge und Hilfestellung und kombinierte sie zu Runenzaubern.

Als sich dann das Christentum auf der Welt ausbreitete, veränderte sich die Form der Gottesverehrung. Auch Buchstaben wurden jetzt auf andere Weise hergestellt als früher, und die mächtigen Runensteine begannen, Moos anzusetzen. Ihre Energie versank in einem jahrhundertelangen Dornröschenschlaf. Königreiche entstanden und gingen wieder unter, Kriege wüteten, und die Gesellschaft veränderte sich. Immer noch schlummerte die Energie der Runen vor sich hin; nur in ein paar abgelegenen Regionen war sie noch lebendig.

Doch inzwischen beginnen die Menschen wieder, mit Runen zu arbeiten, und ihre Kraft erwacht zu neuem Leben. Ihre Energie fließt allmählich wieder durch das Land und die Menschen hindurch. Der Auerochse und der Held finden ihren Platz in einer neuen Welt.

In diesem Buch beschreibe ich die uralten Namen, Laute und energetischen Muster des Älteren Futhark. Ich habe dieses Muster der Runenenergie als Thema für mein Buch gewählt, weil moderne Menschen sich von seinen Klängen angesprochen fühlen und weil es in Norwegen, Schweden und dem Norden Großbritanniens viele Runensteine gibt, die man besichtigen und sogar anfassen kann.

Bei der Lektüre dieses Buches solltest du daran denken, dass die Runenenergien, denen du auf diesen Seiten begegnen wirst, sehr alt sind und unbedingt wieder zu einem Teil unserer Welt werden möchten. Sie dürsten förmlich danach, benutzt zu werden, aktiv und wie früher vom Puls der vitalen Lebensenergie erfüllt zu sein. Sie wollen, nein, sie *verlangen* von uns, dass wir unsere heutige Sichtweise und Perspektive in ihre Energie einfließen lassen und diese Energie auf eine Art und Weise nutzen, die uns in unserem modernen Leben weiterhilft. Auch wenn der Auerochse aus dem alten Skandinavien inzwischen nicht mehr über diesen Planeten wandelt, gibt es doch andere Kreaturen und Ideen, die sich in der Rune Uruz widerspiegeln.

Das ist die Herausforderung für uns: Was bedeuten die Runen in unserer heutigen Welt?

Du hast dieses Buch zur Hand genommen und aufgeschlagen. Damit hast du dich entschieden, diese Herausforderung anzunehmen. Nach der Lektüre dieses Buches bist du also dafür verantwortlich, die Formen und Schwingungen der Runen mit deiner persönlichen Magie zu erfüllen, damit zu arbeiten und Wege zu entwickeln, wie sie uns allen im Hier und Jetzt weiterhelfen können.

Der Baum der Runen ist tief verwurzelt, stark und stabil, bereit zu wachsen und der Welt bei der Erfüllung ihrer Bedürfnisse zu helfen. Es ist an der Zeit, dass wir mit der uralten Weisheit der Runen Kontakt aufnehmen, damit arbeiten und ihre Macht, Heilkraft und Führung nutzen, um unser heutiges Leben besser zu meistern.

Warum ich eine besondere Vorliebe für Runen habe – und warum es dir genauso gehen könnte

Von den moosbewachsenen Steinritzungen in Dänemark und Norwegen über Stahlätzungen in London und Paris bis hin zur byzantinischen Kirche Hagia Sophia in Istanbul – Runen haben die Menschen schon immer fasziniert. Für mich liegt das Besondere an den Runen darin, dass sie die urtümliche Energie und Magie der altnordischen Menschen und des Landes heraufbeschwören, auf dem sie lebten – von den finsteren Auerochsen, die durch die Moore pirschten, über den großen

Gott Thor, der Blitze über den Nachthimmel schleuderte, um die Eisriesen zu erschlagen, bis hin zum Lachen der Kinder am Herdfeuer in einer kalten Winternacht.

Runen gehören zu den stärksten Wahrsage- und Kommunikationswerkzeugen, die wir besitzen; und wenn wir lernen, mit ihnen und ihrer Verbindung zur Energie des *Wyrd* (Universums) zu arbeiten, können sie uns die Hilfe und Führung geben, die wir in unserem täglichen Leben so dringend brauchen.

Was bringt dir dieses Buch?

Um zu verstehen, wohin die Runen uns führen, müssen wir uns zunächst einmal darüber klar werden, wo wir bisher gewesen sind. Daher möchte ich dir in diesem Buch die wichtigsten Ideen und Konzepte des altnordischen magischen und spirituellen Wegs vermitteln und dir auch die Runen selbst, ihre vielen möglichen Bedeutungen und einige mit ihnen zusammenhängende Mythen erklären.

Das altnordische Denken war ganz anders als unser heutiges; daher müssen wir uns in die nordische Welt zurückversetzen, so wie sie damals war, als das Universum der Menschheit die Runen geschenkt hat. Als Nächstes werden wir uns damit beschäftigen, weshalb die Runen für so lange Zeit in der Versenkung verschwunden und erst vor Kurzem wiederaufgetaucht sind.

Aber zunächst einmal will ich dich auf eine Entdeckungsreise in die Fjorde und Wälder Nordeuropas einladen, um die Göttinnen und Götter, Riesen und Ungeheuer kennenzulernen, die dieses Land aus Eis und Schnee bewohnten. Wir werden über die versteckten, nach Kiefern duftenden Wege durch die dunklen Nebel der nordischen Magie, Orakel und Zauberei wandeln.

Danach werden wir uns zusammen an ein Feuer setzen, das nach Kiefernharz und dem Brennholz vom letzten Jahr duftet, und lernen, wie man Runen wirft und magische Zauber wirkt, um die Zukunft vorauszusehen und die energetische Resonanz zu erspüren, die uns umgibt.

Diesem Schritt zurück zu den Wurzeln der Vergangenheit wohnt eine große Kraft inne.

Teil I

DIE MAGIE DER ALTNORDISCHEN WELT

KAPITEL 1

Die nordische Überlieferung

Altnordische Traditionen und Überlieferungen erleben zurzeit eine Renaissance, da immer mehr Menschen versuchen, ihre Erfahrungen mit der Welt und ihren Platz in dieser Welt zu verstehen.

Wir alle sind in unserer gemeinsamen Geschichte verwurzelt, und diese Wurzeln erstrecken sich über Zeit und Raum. Einige verdorren und sterben ab; sie zersetzen sich, werden zu Kompost, und die darin eingeschlossene Energie wird wieder neu aufbereitet. Andere gedeihen und breiten sich aus. Ohne gesunde Wurzeln stürzt ein Baum um, und genauso ist es auch bei uns Menschen: Ohne gesunde Wurzeln kommen wir zu Fall.

Wenn man die Runen mit Respekt und Ehrerbietung verwendet und behandelt, bieten sie allen Menschen, die mehr über die uralte Kraft der nordischen Überlieferung erfahren möchten, sowohl ein Werkzeug als auch ein Unterstützungssystem, das ihnen hilft, sich besser im Leben zurechtzufinden.

Die nordische Weltsicht

Dieses Buch wurde aus der Sicht des altnordischen Animismus geschrieben. Dabei geht es um das Wissen und die Praxis, wie man mit den Göttern und Geistern umgeht, welche die Landschaften, die Jahreszeiten und die Geschichte Nordeuropas bevölkern. Darin spiegelt sich die Erkenntnis wider, dass allem, was existiert, Energie innewohnt – nicht nur im wissenschaftlichen, sondern auch im spirituellen und metaphysischen Sinn. Alles besitzt Energie: Felsen, Bäume, Tiere, Menschen, Wasser, Erde. *Alles.* Das bedeutet, dass wir alles mit dem gleichen Respekt behandeln sollten, mit dem wir selbst behandelt werden möchten.

Es bedeutet, dass wir zwar das Reh essen, das Holz fällen oder im Meer fischen dürfen; aber es ist sehr wichtig, das mit Respekt zu tun. Denn wir sind ein Teil dieser energetischen Welt und auf das Leben angewiesen, das wir einem anderen Wesen nehmen, um selbst weiterleben zu können; und dieses Leben ist wiederum darauf angewiesen, dass wir es nicht unnötig zerstören. Das Gleiche gilt auch für Steine, für Felsen und für die Erde. Der Boden, auf dem wir wandeln, ist zwar widerstandsfähig gegen Veränderungen, doch wir müssen Respekt vor ihm haben und dürfen ihn nicht missbrauchen; denn wir benötigen ihn, um die Ernten einzubringen, von denen unsere Familien leben.

Diese Idee eines tiefen Respekts vor den verschiedenen Energien der Welt ist von lebenswichtiger Bedeutung. Wenn wir Respekt vor den Tieren oder Pflanzen haben, die sterben, um uns zu ernähren oder zu kleiden, und wenn wir uns nicht mehr davon nehmen als unseren rechtmäßigen Anteil, kann das Leben weitergehen.

Das Gleiche gilt nach altnordischer Auffassung auch für die Geistwesen, die diese Welt bevölkern – von Göttern bis hin zu Riesen. Der verdiente Respekt, mit dem wir diese Wesen behandeln, wird in Form von Magie, Segen und Glück an uns zurückgegeben.

Diese energetische Vernetzung liegt dem Wirken der Runen zugrunde. Die Formen der Runen werden von den auf der Welt vorhandenen Energien angezogen, und umgekehrt: Diese Energien werden auch zu den Runenformen hingezogen. Alle Energien stehen miteinander in Verbindung. Alle *Welten* stehen miteinander in Verbindung.

Die neun Welten des alten Nordens

Vor 1500 Jahren glaubten die nordischen Völker, dass die Welt, in der sie lebten, eine von vielen (genauer gesagt: neun) Welten sei, die durch den Weltenbaum – eine riesige Esche namens Yggdrasil – miteinander verbunden waren. Mit dem Wissen, welche Welten es laut dieser Überlieferung gibt und wie sie miteinander zusammenhängen, lässt sich das energetische Bild der Runen besser verstehen. Und das sind die neun Welten:

- *Asgard (Ásgarðr):* eine wunderschöne Welt mit grünen Tälern und hoch aufragenden Mauern im Wipfel des Weltenbaums, wo das Göttergeschlecht der Asen lebt. Hier liegt Walhalla, die Heimat der gefallenen Helden.
- *Wanenheim (Vanaheimr):* eine grüne Welt mit üppig gedeihenden Feldern und Meeren voller Fische, in der die Wanen (Schutzgötter der Bauern) leben.
- *Midgard:* die Welt, in der wir Menschen leben (Erde).
- *Jötunheim (Jötunheimr):* eine eisbedeckte Landschaft mit rauen Bergen und Eis, wo die Frostriesen leben.
- *Muspellsheim (Muspellzheimr):* das Land des Feuers, wo die Feuerriesen leben.
- *Albenheim (Alfheimr):* das Land, in dem die Lichtalben oder Feen leben.
- *Schwarzalbenheim (Svartálfaheimr):* die Berghöhlen, in denen die *Draegr* (Schwarzalben oder Zwerge) leben.

- *Helheim (Helheimr):* das Land der Toten, ein stiller, nebliger Ort, der von Hel (der Göttin des Todes) regiert wird.
- *Niflheim (Niflheimr):* das Land, in dem die unehrenhaften Toten (diejenigen, die Gelübde gebrochen haben) von einem Drachen namens Nidhöggr gequält werden. Kein schöner Ort!

Die magischen Wesen

Die magischen Wesen, die diese neun Welten bewohnen, gehören verschiedenen Clans oder Stämmen an:

Riesen

Die Riesen sind urtümliche Götter. Sie leben in der Wildnis, wirken primitive, brutale Zauber und interessieren sich für sehr ursprüngliche Dinge aus der Welt der Natur wie Feuer, Eis, Wasser, Felsen, Blitzschlag, Nacht und Holz. Normalerweise werden sie als Feinde der Asen und Wanen (siehe unten) dargestellt.

Asen

Die Asen sind die Himmelsgötter; sie interessieren sich für höhere Ideen wie Gerechtigkeit, Herrschertum und Gesetz. Und auch für Schlachten – viele Schlachten. Sie wirken eine subtile, raffinierte Magie. Die Fruchtbarkeitsgöttin Freya und ihre Dienerinnen sind die höchsten Meisterinnen dieser Magie. Odin, der Gott der Könige, und Thor, der Gott des Donners, sind die wichtigsten Götter unter den männlichen Asen.

Wanen

Die Wanen sind die Schutzgottheiten der Bauern, die sich mit den Kreisläufen der Natur, mit Landwirtschaft und Fruchtbarkeit befassen. Ihre Magie besteht darin, alles auf der Welt zu nähren, wachsen und gedeihen zu lassen. Freyr, der Gott der Fruchtbarkeit mit seinem riesigen Phallus, und der Meeresgott Njörðr gehören zu den Wanen.

Elben oder Alben

In der nordischen Magie gibt es zwei verschiedene Arten von Alben:

- Die Lichtalben sind wie Feen. Oft sind sie von blendender Schönheit und nutzen äußeren Glanz und Ablenkung, um zu erreichen, dass ihre Bedürfnisse befriedigt werden.
- Die *Draegr* (Schwarzalben oder Zwerge) leben unter der Erde in Schwarzalbenheim und stellen die prächtigsten Klunker her. Damit meine ich superschönen Schmuck.

Diese beiden Wesenheiten spielen in der Runentradition keine besonders wichtige Rolle, aber ich habe sie trotzdem in mein Buch aufgenommen, um dir eine Vorstellung von allen magischen Wesen und Energien zu vermitteln, die es in der altnordischen Welt gibt.

Die nordischen Götter

So wie es in der nordischen Überlieferung viele verschiedene Welten und Wesenheiten gibt, kannte man damals auch viele Götter: vom König der Götter und Gott der Könige, Odin, dem Einäugigen, und seiner Frau Frigg, der Göttin der Fruchtbarkeit, Schönheit und Tapferkeit, bis hin zu Freyr (du erinnerst dich sicher noch an den riesigen Phallus …), Gerda, der Göttin des Nordlichts, und Skadi, der Göttin des wilden Unabhängigkeitsdrangs, der Jagd und des Skifahrens.

Es gibt mehr Gottheiten, als ich in diesem Buch sinnvollerweise aufzählen kann. Aber wenn wir bei den Beschreibungen der Runen auf sie stoßen, werde ich ihre Geschichten erzählen, um dein Verständnis für die nordische Gedankenwelt zu vertiefen.

Und nun kommen wir zu den Runen selbst …

Die verborgene Welt der Runen

Das Wort *Rune* bedeutet »verborgen« oder »geheim«; und genau darin liegt die Macht der Runen. Das Unbekannte birgt *viel* Macht in sich.

Als der Allvater Odin – König der Götter, Gott der Könige, der schamanischen Heilkunst und des Krieges – sich am Weltenbaum aufhängte, musste er sterben und wiedergeboren werden, um dieses Geheimnis zu entdecken. Oder um es in meinen eigenen Worten auszudrücken:

Neun Tage hängt er an dem Weltenbaum Yggdrasil.
Verwundet, von einem Speer durchbohrt,
In Todesqualen, hungernd, ein Opfer von sich selbst an sich selbst,
Ohne Nahrung und Wasser.
Um die Macht der Runen zu erlangen.

Dazu später mehr – aber letztendlich war das Ganze eine gute Nachricht für uns: Dank Odins Selbstaufopferung müssen wir heute nicht mehr neun Tage lang an einem Baum hängen, um die Macht der Runen zu erwerben, was (wie du sicherlich zugeben wirst) ein großer Gewinn für uns ist.

Obwohl die wahre Bedeutung der Runen stets ein Geheimnis blieb und nur wenige Menschen sie kannten, war ihr alltäglicher Gebrauch (um seinen eigenen Namen oder die Namen seiner Vorfahren in Stein zu ritzen) weitverbreitet. Ein Wikingerkrieger ritzte sogar die Worte »Halfdan war hier« in Runenform in die Mauer der antiken Hagia-Sophia-Kirche in Istanbul ein. Außerdem wurden unzählige Schwerter, Kämme, Knochen- und Holzstücke mit Runeninschriften gefunden. Auf manchen steht einfach nur »von Ulfbuet gefertigt«, während andere – von rätselhaften Geheimnissen und dem berauschenden Duft heiliger Kräuter umgeben – eine viel tiefere Bedeutung haben. Diese Runenstäbe (in Holz oder Knochen eingeritzte Zaubersprüche) wurden zum Zweck der Heilung, der Liebe und des Kampfes verwendet – um nordische Magie zu wirken.

KAPITEL 2

Nordische Magie

Der altnordische Energiekosmos umfasst viele Konzepte, die unserem heutigen Denken fremd sind. Ein gewisses Grundverständnis dieser Ideen kann dir deine Abenteuerreise in die Welt der Runen erleichtern.

Magische Konzepte altnordischen Denkens

Wyrd (Wurd)

Schicksal, Vorsehung, Verhängnis. Das *Wyrd* wird von den Nornen – den drei Göttinnen an den Wurzeln des Weltenbaums – gesponnen. Dieses Schicksal ist nicht so fest vorgegeben wie die griechisch-römische Vorherbestimmung, sondern es handelt sich dabei eher um eine allgemeine Richtung, die wir beeinflussen können – vor allem mithilfe der Runen. Ja, das *Wyrd* kann uns ergreifen, und dann finden wir uns vielleicht in einer völlig unerwarteten Erfahrung wieder. Dabei handelt es sich jedoch um ein einvernehmliches Wirken des Schicksals; wir müssen uns also entscheiden, nach dem Willen der Nornen zu handeln; und normalerweise wollen sie, dass wir innerlich wachsen und neue Erfahrungen machen.

Ond

Das ist die nordische Version von *Chi* oder *Prana* – die Energie, die um uns herum-, durch uns hindurch- und mit uns mitfließt. Wenn wir ein leckeres Essen genießen und uns stark fühlen, steckt die *Ond*-Energie dahinter. Oder wenn wir nach einem großartigen Erlebnis ganz aufgeregt sind … Auch das ist *Ond.* Und wenn wir an einem Dienstagnachmittag am liebsten nur noch auf dem Sofa sitzen und Pizza essen würden, fehlt es uns an *Ond.*

Hamingja (hai-ming-ya)

Glück oder glückliches Geschick. Dabei handelt es sich eher um gemeinschaftlich gesammelte und erworbene als um individuelle Energie. Wenn wir ein tüchtiges Mitglied unserer Gemeinschaft sind und diese Gemeinschaft uns unterstützt, haben wir mehr Glück. Das ist ein bisschen so, wie es in dem berühmten Buch *The Secret – Das Geheimnis* heißt: Tue Gutes, dann kommt auch Gutes zu dir zurück.

Magie und Energiearbeit im hohen Norden

Es gibt nicht viele Belege dafür, wie Magie oder Energiearbeit in altnordischer Zeit praktiziert wurde, da die meisten alten Quellen von christlichen Mönchen, die unbedingt alle Heiden bekehren wollten, verfälscht worden sind. Das soll kein Vorwurf sein – es war eben einfach so. Daher wissen wir heute nur noch, dass es mindestens zwei verschiedene Formen von Magie gab: *Seiðr* und *Galdur.*

Seiðr (sii-du-urrr)

Seiðr (auf Altnordisch), Sithur oder Sidur (in der anglisierten Version) bedeutet wörtlich übersetzt »Herstellung eines Seils« und ist die »klassische Magie«, die uns vielleicht bekannt vorkommt – die Magie der Weissagung, Heilkunst und Zauberei.

Diese Form der Magie war praxisorientiert und half den Menschen in ihrem täglichen Leben.

Für den Namen gibt es mehrere Gründe: Erstens übten die Frauen sie beim Verweben von Fäden zu Kleidern, Segeln und anderen Stoffen aus. In grauer Vorzeit stellten Frauen die Kleidung für alle Menschen her. Das bedeutete, dass jeder von der Magie der Matriarchin und der Frauen des Hauses profitierte und dadurch gesund und in Sicherheit blieb.

So genoss der Mann, der in den Krieg zog, Schutz, den die Frauen in seine Tunika gewebt hatten; die Braut trug die Magie der Liebe und Fruchtbarkeit in ihrem Kleid; und auch der Hirte hatte magische Kräfte in seinem Kittel, die dafür sorgten, dass er sich nicht verirrte und seine Schafe wiederfand. Sithur wurde im altnordischen Leben überall eingesetzt.

Damals waren die Frauen für alles zuständig, was mit dem Haus zu tun hatte: Gebäude, Werkzeuge, Tiere, Sklaven – einfach alles. Die Männer dagegen hatten ihren Schmuck und ihre Waffen. Es war zwar keine matriarchalische Gesellschaft, aber doch ziemlich nah daran. Kämpfen und Führen war Aufgabe der Männer; das Leben in Gang zu halten oblag den Frauen. In mancher Hinsicht waren die Verhältnisse zwar ein bisschen komplizierter; doch es würde den Rahmen dieses Runenbuches sprengen, darauf einzugehen.

Galdur

Die zweite Art von Magie, *Galdur (auch Galdr),* bestand in Gesang – dabei ging es um die Fähigkeit, Energie aus dem *Wyrd* durch Gesänge oder Sprechgesänge in die magische Form zu bringen, die sie haben sollte. Oder anders ausgedrückt: jemand anderen mit dieser Magie zu belegen.

In der altnordischen Kultur spielten Worte eine sehr wichtige Rolle. Man nutzte sie, um sich gegenseitig mit Rätseln und Liedern zu unterhalten oder auf kluge, einfallsreiche Art zu beleidigen. Es gibt sogar eine Legende, in der Odin Thor auf diese Weise hänselt. Darin zeigt sich die Beherrschung nicht nur der physischen, sondern auch der magischen Kraft der Worte. Indem man die besungene Person in Worte einspinnt, gewinnt die Energie dieser Worte Macht über sie. Das ist eine Möglichkeit, die Realität zu beeinflussen.

Im Grunde genommen liegen *Galdur* und Sithur die gleichen Fähigkeiten zugrunde. Doch während Sithur für allgemeine Zwecke praktiziert wird, wirkt man *Galdur,* wenn man ein spezielleres Ziel erreichen möchte. *Galdur* ist also die Spezialmagie, die für bestimmte Aufgaben eingesetzt wird.

Es gibt viele moderne Beispiele für gesungenes *Galdur.* Einige davon findest du in den Quellenangaben am Ende meines Buches. Am weitesten entwickelt ist in dieser Hinsicht eine Gruppe von Musikern namens Wardruna. Die solltest du dir unbedingt einmal anhören, aber tu das lieber nicht beim Autofahren! Als ich diese Musik zum ersten Mal hörte, war ich von ihrer Magie so berauscht, dass ich ins Gebüsch gefahren bin.

Hier ein paar Infos für alle Musikfreaks oder einfach nur Musikinteressierte: *Galdur* wird zu einem pentamischen Takt gesungen, wobei Instrumente wie Tagelharpa, Jouhikko oder Leier den Gesang untermalen.

Im Grunde sind Sithur und *Galdur* ein und dieselbe Magie, die nur auf unterschiedliche Weise praktiziert wird – die eine wird in Stoffe eingewoben, die andere gesungen. Man konnte auch beide Magieformen gleichzeitig ausüben: Frauen sangen ihre Magie in den Faden, in den ihre Familienmitglieder gekleidet oder aus dem die Segel für ein Schiff hergestellt wurden.

Die Magie der Runen

An und für sich haben Runen nichts Magisches, sondern eher etwas Phonetisches: Dabei handelt es sich um eine Art, Laute aufzuschreiben. Die Magie entsteht erst, wenn wir mit der Resonanz der Energie in Kontakt treten, die diese Laute anziehen. Diese Energie ist da, egal, wie wir sie wahrnehmen. Runen sind wie Energiemagneten, die von bestimmten kosmischen Schwingungen angezogen werden.

Mithilfe von Runen können wir also erkennen, was das Schicksal für uns bereithält und wie wir bestimmte Energien in unser persönliches *Wyrd* hineinziehen können. Runen sind die Werkzeuge, mit denen wir an einzelnen Fäden des *Wyrd* ziehen können, um den Kosmos nach unserem Willen zu beeinflussen. Sie dienen als Anker, um diese Magie in die physische Welt hereinzuholen. Wenn jemand einen Zauber wirkt, verankern die Runen diesen Zauber im Jetzt, um ihm eine dauerhafte Wirkung zu verleihen.

In diesem energetischen Umfeld spielt der Kontext eine sehr wichtige Rolle. Er ist einer der wichtigsten Aspekte der Runenarbeit in dieser Tradition. Wenn wir mit einer Rune, die von ihrem Charakter her aggressiv ist, jemanden heilen möchten, kann das bedeuten, dass auch unsere Heilung einen aggressiven Charakter hat – so wie eine Strahlentherapie oder das Messer eines Chirurgen. Und wenn wir eine sanftere Runenenergie in einem aggressiven Kontext verwenden, kann diese Sanftheit von einem leise dahinplätschernden Bach zu einem wütenden arktischen Schneesturm anschwellen.

Im Grunde sind Runen Zugangspunkte zu kosmischer Energie. Wir entscheiden, wie und in welchem Kontext wir auf diese Energie zugreifen wollen. Wir können zum Beispiel eine Rune als Anhänger um den Hals tragen oder sie mit einem Filzstiftmarker auf unsere Handfläche zeichnen, um uns daran zu erinnern, wie wir diese Energie empfangen können. Und wir können auch eine Rune (egal, welche) auf einen Gegenstand zeichnen und auf diese Weise eine bestimmte Absicht fassen. Wenn wir zum Beispiel die Rune Berkanan auf unser Telefon zeichnen oder kleben, können wir dabei laut sagen: »Ich belege dieses Telefon mit der Rune Berkanan, um mich an meine Resilienz zu erinnern.«

Die Fäden des *Wyrd* ziehen

Die Nornen sind die drei Göttinnen, die am Fuß des Weltenbaums Yggdrasil sitzen und das Gewebe des Universums in die Realität hineinspinnen. Diese Nornen heißen Urðr (Urd = Vergangenheit, Schicksal), Verðandi (Verdandi = Gegenwart, das Jetzt) und Skuld (= Zukunft, was geschehen wird). Sie verweben die Fäden der universellen Energie zu dem komplexen Quilt, aus dem das Leben, das Universum und alles andere bestehen.

Man könnte sich das *Wyrd* also als Hemd aus Millionen von Fäden vorstellen, in dem jeder Faden auf subtile Weise von den umliegenden Fäden beeinflusst wird. Wirf einmal einen Blick auf deinen Pullover, dein Hemd oder deinen Schlafanzug (was auch immer du gerade anhast) und schau dir die Fäden an, die zu diesem Kleidungsstück verwoben wurden.

Das ist eine Mikro-Repräsentation des *Wyrd* – viele Fäden des Schicksals, der Bestimmung, des Willens und aller möglichen anderen Energien.

Und nun versuche, dir vorzustellen, was passiert, wenn du in deinem Kleidungsstück einen losen Faden hast und daran ziehst. Siehst du, wie sich die Fäden außen herum dann kräuseln und zusammenziehen oder lockern und aufdröseln? Genau so sieht das *Wyrd* aus.

Jedes Mal, wenn wir eine Entscheidung treffen, beeinflussen wir damit die Fäden um uns herum.

Als ich mich zum Beispiel bei einem Frühlingsfest auf einem alten Bauernhof in der Nähe meines Wohnorts als Wikinger verkleidete und Runen und Runeninschriften herstellte, traf ich eine hexenhaft wirkende Frau, die einen Blog betrieb. Sie war mit ihren Kindern dort und erklärte mir, ihre Freundin würde mich lieben. Als Nächstes erzählte sie dieser Freundin von mir. Die Freundin wirkte daraufhin einen Zauber, und ein halbes Jahr später trafen wir uns an einem Strand – unabhängig von der »Hexe«, die dieses Geschehen angestoßen hatte. Und ich habe diese Frau, die ich am Strand traf, später geheiratet!

Ein Faden, der auf einem Feld auf einem Hügel gezogen wurde, hat also zu meiner Heirat geführt … Das ist ein Beispiel für *Wyrd,* und zwar eines, das mir besonders gut gefällt.

Und nun stell dir vor, was passieren würde, wenn du alle Fäden, die eine ähnliche Schwingung haben, zu dir herüberziehen könntest. Was könntest du dadurch beeinflussen? Was würde zum Beispiel passieren, wenn du die ganze Energie des Mutes zu dir holen könntest? Oder die ganze Energie der Sexualität? Oder der Ehre? Wie würde sich das in deiner Welt manifestieren? Auf diese Weise beeinflussen Runenzauber (auf die ich später noch zu sprechen kommen werde) das *Wyrd.*

Wenn wir zulassen, dass die Runen ausschließlich von den Energien um sie herum beeinflusst werden, ohne uns dabei von unserer eigenen Voreingenommenheit leiten zu lassen, können wir beginnen, sie zum Wahrsagen zu verwenden, ähnlich wie Tarot- oder Orakelkarten.

Im alten Norden besaßen Frauen die Fähigkeit, das Schicksal vorauszusehen. Eine solche Frau bezeichnete man als *Völva* (Seherin, Orakel, Hexe).

Das Orakel: die *Völva*

In der Kultur der Wikinger gehörte alles, was mit Haus, Geld und Landwirtschaft zusammenhing, in den Bereich der Frauen. Wie wir gerade gesehen haben, spannen sie auch die Stoffe; und dabei sangen sie, wirkten Magie und woben das *Wyrd* in die Kleidung aller Menschen hinein. Das ist einer der Gründe, warum in der altnordischen Welt Frauen im Besitz der Magie waren. Odin wollte die gleiche Macht erlangen, und dazu musste er neun Tage lang den Weltenbaum vollbluten … Gibt dir das einen Hinweis auf einen anderen Aspekt der magischen Kräfte von Frauen in der altnordischen Gesellschaft?

Die *Völva* war eine Frau mit besonderen Fähigkeiten, die das Schicksal ihres Dorfes, ihres Volkes in den Händen hielt; zu ihr kamen die Frauen aus dem Dorf, um sich heilen zu lassen. Außerdem schickten sie auch ihre Männer zur *Völva,* wenn diese mehr Heilung oder Magie brauchten, als sie ihnen geben konnten.

Normalerweise spezialisierte sich die *Völva* auf ein oder

zwei verschiedene Formen von *Galdur,* gleichzeitig war sie Expertin für die allgemeine Sithur-Magie. Um die Oberhand über die Energie zu gewinnen, die sie beeinflussen wollte, musste sie nicht nur den beteiligten Personen, sondern auch den Energien der Runen selbst ihre Kompetenz beweisen.

Durch Einritzen von Runen in Stöcke (normalerweise aus dem Holz von Obstbäumen) konnte die *Völva* sehen, welche Runenenergien in diesem Augenblick im *Wyrd* vorhanden waren. Zu diesem Zweck wurden die Runen auf rituelle Weise geworfen. Auf dieses Thema kommen wir später noch zu sprechen. Doch zunächst einmal möchte ich dir die Runen selbst vorstellen …

Teil II

DIE RUNEN

KAPITEL 3

Wörter, Laute und Bedeutungen

Wörter

In früheren Zeiten waren die Runen ein Kommunikationswerkzeug. Sie wurden auf Schwerter geschrieben, um zu zeigen, wem diese gehörten oder von wem sie angefertigt worden waren. Sie wurden zum Gedenken an große Persönlichkeiten in Felsen geritzt; und ein paar Runen wurden sogar von einem gelangweilten Krieger namens Halfdan als Graffiti in den Marmor der Hagia Sophia eingeritzt.

Laute

Runen sind eher Laute als Buchstaben. Wie hören sie sich an?

Rune	Name	Transliteration	Laut
ᚠ	Fehu	F	eff
ᚢ	Uruz	U	uh, uu
ᚦ	Thurizaz	Th	th
ᚨ	Ansuz	A	a
ᚱ	Raido	R	rh, rr
ᚲ	Kenaz	K (C)	k
ᚷ	Gebo	G	g
ᚹ	Wunjo	W	w

Rune	Name	Transliteration	Laut
ᚺ	Hagalaz	H	h
ᚾ	Nauthiz	N	n
ᛁ	Isaz	I	ai, ih
ᛃ	Jera	J	yh
ᛇ	Eihwaz	Ï (Æ)	yuh, uai
ᛈ	Peroth	P	p
ᛉ	Algiz	Z/X	z
ᛊ	Sowolio	S	esss
ᛏ	Tiwaz	T	t
ᛒ	Berkanan	B	b
ᛖ	Ehwaz	E	eh
ᛗ	Mannaz	M	m, ma
ᛚ	Laguz	L	l
ᛜ	Ingwaz	Ing	ing
ᛟ	Othala	O	oh, uu
ᛞ	Dagaz	D	dii, d

Wie du siehst, haben wir in den modernen Sprachen wie Englisch oder Deutsch mehrere Laute, die es in den Runen nicht gibt. Diese Laute stammen aus dem Lateinischen: den »kw«-Laut, den wir mit »q« wiedergeben; das »see« mit einer rauen Vibration, das wir mit »z« wiedergeben; und den »iks«-Laut, den wir mit »x« wiedergeben. Im Altnordischen gab es diese Laute nicht.

Die Bedeutung der Runen

Ich führe die Runen hier der Reihe nach auf – in der Reihenfolge der Gedichte, die über sie geschrieben wurden –, und zwar zusammen mit ihren Bedeutungen, so wie ich sie gelernt, gelehrt und an unsere heutige Welt angepasst habe. Meine Vorstellung von einer Reise mag sich von deiner unterscheiden; aber ich würde dir empfehlen, dich zunächst einmal an meine Ideen zu halten. Mach dich mit den Konzepten vertraut und schau, wie sie zu dir passen. Erde dich, werde stark und lass anschließend deine persönliche Note und Struktur in die Runen einfließen.

Das ist eigentlich das Wunderbarste an dir – deine wahre Power: Du kannst den Runen deine eigene Note verleihen und sie so verändern, wie es dir passt. Zum Beispiel Fehu: Was bedeuten Reichtum und Ressourcen für dich? Ich schildere in meiner Beschreibung dieser Rune, was das für *mich* heißt: genug zu haben, um es mit anderen Menschen teilen zu können. Aber vielleicht hast du eine ganz andere Vorstellung davon: Vielleicht möchtest du gern auf einem Plakat am Times Square abgebildet sein, in Filmen mitspielen und in Beverly Hills leben? Deine Sichtweise ist genauso gültig wie meine; aber fang lieber erst mal mit meiner an und bringe erst dann deine eigenen Vorstellungen ein, wenn du das Gefühl hast, ein solides Grundwissen über die Runen und deren Bedeutungen erworben zu haben.

Namen

Auch unsere persönlichen Namen haben oft eine besondere Bedeutung, und manchmal macht es Spaß, die dazu passenden Runen zu finden. Zum Beispiel:

Richard = »Ric - Hard«, was so viel wie »edel und stark« bedeutet (ein guter Name, oder?). Die Runen, die ich mit diesen Vorstellungen in Verbindung bringen würde, sind »edel« (Ingwaz) und »stark« (Uruz).

»Lisa« kommt aus dem Hebräischen und bedeutet »Gott ist mein Schwur«. »Gott« könnte Ansuz und »Schwur« Tiwaz sein.

»Emily« bedeutet »fleißig« oder »hart arbeitend«. »Hart« könnte »entschlossen« (also Eihwaz) und »arbeitend« Ehwaz sein.

Auf diese Weise kannst du ein *Cenning*, also ein Verständnis für die Bedeutung von Namen entwickeln und dann eine magische energetische Runenresonanz für dich selbst oder deine Freunde und Angehörigen dazu entwickeln.

Das ist nicht nur ein Gedankenspiel, sondern auch eine magische Praxis; und da die Bedeutungen der Namen vielleicht nicht auf Anhieb ersichtlich sind, kannst du so lange damit spielen, bis sich die Energien für dich gut anfühlen. Dann hast du die Namen deiner Freunde in Runen eingefangen.

Und du könntest sogar noch einen Schritt weiter gehen, aus diesen Runen eine Bindungsrune für sie gestalten (siehe Seite 232) und sie ihnen schenken.

Aettir (et-tir) - Runenfamilien

Familie und Gemeinschaft spielten im altnordischen Denken eine wichtige Rolle, denn damals waren die Menschen stark voneinander abhängig. Durch diese gegenseitige Abhängigkeit und das Bedürfnis, über alles eine Geschichte zu erzählen, ist das *Aettir*-Konzept ins Runenuniversum gekommen. *Aettir* bedeutet »Familien«, und die Runen sind in drei Familien zu je acht Runen unterteilt. Dabei handelt es sich nicht um ein frühmittelalterliches Konstrukt, sondern es wurde erst später angewendet, zum Beispiel in den 1980er-Jahren von David und Julia Line in ihrem Buch *Das Geheimnis der Runen.*

Die Runen-*Aettir* erzählen eine Geschichte; und unsere nordischen Vorfahren liebten Geschichten. Die Geschichte der Runen ist anders als die des Tarot, hinter dem ein eindeutiges Narrativ steht; bei den Runen geht es eher um die Entwicklung von Ideen. Man kann die *Aettir* als eine Art Lebensreise betrachten:

- Das erste *Aett* steht für das Individuum, das sich mit Ressourcen (Fehu) auf seinen Weg begibt und am Ende Freude (Wunjo) erlebt.
- Das zweite *Aett* zeigt, wie das Individuum auf die Probe gestellt wird, den Sturm übersteht und dabei innerlich wachsen und sich weiterentwickeln kann. Dieser Abschnitt seiner Reise beginnt mit einer Veränderung (Hagalaz), und am Ende scheint die Sonne (Sowolio).
- Das dritte und letzte *Aett* zeigt, wie das Individuum zu einem Teil der Gesellschaft wird. Diese Entwicklung beginnt mit Pflicht und Ehre (Tiwaz) und endet mit der Initiation und dem Durchschreiten des Tors (Dagaz).

Runen als Energie

Kommen wir nun zu den einzelnen Runen. Jede der folgenden Beschreibungen ist in drei Abschnitte unterteilt:

- Im ersten Abschnitt vermittle ich dir die Grundbedeutung der Rune, damit du auf Anhieb siehst, worum es dabei geht. Dazu gehören Informationen für Readings; außerdem erfährst du, welches Geschenk, welche Herausforderungen und welche Inspiration diese Rune für dich bereithalten könnte.
- Dann geht es ins Detail: alte Gedichte, moderne Einsatzmöglichkeiten und wie man mit der Rune arbeitet.
- Den Schluss bildet eine Affirmation, durch die du mit dieser Rune in Kontakt treten kannst.

Die Runenenergie wird sich auf interessanten Wegen bemerkbar machen. Während du dir die einzelnen Runen aneignest, wirst du ihre Formen vielleicht in Wolken, Wurzeln oder sonstigen Gebilden um dich herum erkennen. Das ist die Energie des *Wyrd,* die dich auf eine Veränderung deiner eigenen Energie aufmerksam macht. Vielleicht arbeitest du gerade an einer Tabellenkalkulation und siehst dabei plötzlich eine Runenform in deinem Kaffee; oder dir fällt auf, dass die Büroklammern, die auf deinen Schreibtisch gefallen sind, genau diese Rune bilden. Dadurch will das Universum dich darauf aufmerksam machen, in welchen Bereichen es dir vielleicht an Ressourcen mangelt oder wo du eine Möglichkeit hast, sie zu vermehren.

Sei offen und bereit, Chancen zu nutzen, und achte dabei besonders auf deine Gedanken und Träume, denn auf diesem Weg wird das *Wyrd* mit dir kommunizieren.

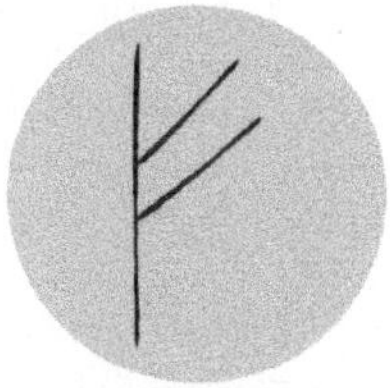

FEHU

FEE-HUO

Laut
Das »eff« wie in »Feuer«, »für« und »Fisch«.

Inspiration
Wie kann ich mich oder mein Leben korrigieren, um meine Ressourcen zu vermehren?

Geschenk
Überfluss.

Herausforderungen
Überstrapazierte oder fehlende Ressourcen.

Alter Runentext
Dieser altsächsische Text erzählt die Geschichte der Rune Fehu:

Feoh byþ frofur fira gehwylcum;
sceal ðeah manna gehwylc miclun hyt dælan
gif he wile for drihtne domes hleotan.

Reichtum ist ein Trost für alle Menschen;
jeder Mensch muss ihn großzügig weitergeben,
wenn er in den Augen seines Herrn zu Ehre gelangen will.

Im *Audhumla,* der nordischen Schöpfungsgeschichte, wurde die erste Kuh aus der ersten Eisschmelze geformt. Sie versorgte die ersten Götter mit Nahrung, die sie aus Salz leckte. Die Rune Fehu steht für diese Fähigkeit, alle Menschen mithilfe einer Kuh zu ernähren. Im Altnordischen steht *Fehu* für »Vieh«, und Vieh bedeutete Geld. Die Fähigkeit, seine Familie mithilfe der Kuh zu ernähren, war etwas Großartiges. Käse und Milch stellten wichtige Grundnahrungsmittel dar.

Der altsächsische Text spricht davon, seinen Reichtum großzügig mit anderen Menschen zu teilen. In einer vorindustriellen Gesellschaft wie der altnordischen bedeutete Wohlstand, dass man sich auf seine Nachbarn verlassen und auf das Wort seiner Mitmenschen vertrauen konnte. Einen guten Ruf zu haben war damals ungeheuer wichtig. Wer im Mittelalter einen guten Ruf genoss, über den äußerten sich die Leute positiv. Solchen Menschen half man auf Reisen und gab ihnen zu essen.

Fehu in der heutigen Zeit

Die Rune Fehu lebt in modernen Wörtern wie »füttern«, »gefüttert« und dem englischen Wort für »Gebühr« (»fee«) weiter.

Es drückt aus, dass wir Geld auf dem Konto haben und unserem mittellosen Freund davon etwas zu essen kaufen können. Fehu gibt uns Futter zum Nachdenken; es bedeutet, eine Gebühr zu bezahlen; es ist der Chef, der uns anbietet, Überstunden zu machen, damit es uns in diesem Monat nicht schwerfällt, unsere Rechnungen zu bezahlen. Es ist eine Investition in eine Idee, die sich zehnfach auszahlt (wenn auch vielleicht nicht *ganz so,* wie wir es erwartet hatten); und es bedeutet auch, bei kleinen, unabhängigen Unternehmen statt bei multinationalen Konzernen zu kaufen, damit der Wohlstand in unserer Gemeinschaft gleichmäßiger verteilt wird.

Heute singen die Menschen zwar vielleicht keine Lieder mehr über unseren guten Ruf; aber wenn wir gute Menschen sind, die Gutes tun – wenn wir Geld verdienen, unseren Reichtum mit unseren Mitmenschen teilen und ihnen helfen, werden wir belohnt. Wir sind zufrieden mit uns, und wie das Gesetz des Karma (auf Altnordisch *Hamingja)* besagt, bekommen wir genau das zurück, was wir geben.

Also unterstütze andere Menschen, dann wirst auch du Unterstützung erfahren.

Eine Beziehung zu Fehu aufbauen

Im Folgenden findest du ein paar Möglichkeiten, mit der Energie von Fehu in Interaktion zu treten:

- *Feiere deine guten Taten:* Früher wurde der Ruf eines Menschen durch Lieder, Schwüre und Prahlerei verbreitet. Heute würden unsere Mitmenschen es vielleicht als selbstgefällig empfinden, wenn wir uns damit brüsten, wie gut wir sind. Egal, ob wir mit diesem Urteil einverstanden sind oder nicht: Erstelle einmal eine Liste aller guten Taten, die du im Lauf des Tages vollbringst! Die Erinnerung daran wird nicht nur dein Herz und deinen Geist erfreuen, sondern damit feierst du auch all das Gute, das du getan hast.

- *Diene, ohne eine Gegenleistung dafür zu erwarten:* Wenn du einem anderen Menschen einen Dienst erweist – sei es einem Liebespartner, Kind, Freund oder Familienangehörigen –, solltest du dabei nichts anderes erwarten, als dienen zu dürfen. Fehu wird dir diese Energie zurückgeben; vielleicht nicht sofort – denk daran: Es braucht Zeit, Kühe großzuziehen –, aber irgendwann *wird* sie zu dir zurückkommen. Allerdings mit einer Einschränkung: Wenn dein Beitrag nicht anerkannt oder gewürdigt wird, dann ist dein Umfeld nicht bereit, deine Energie zu empfangen. Wenn es nur nimmt und nichts zurückgibt, dann ist das eine toxische Umgebung für die Fehu-Energie und ein Zeichen, dass es höchste Zeit ist, weiterzuziehen – wie das Rentier oder der Auerochse – zu neuen Weiden, die bereit sind, dich zu ernähren.
- *Ziehe Reichtum an:* Lege die Fehu-Rune in dein Portemonnaie oder deine Brieftasche, um Geld anzuziehen. Aber benenne dein Spar- oder Festgeldkonto nicht nach Fehu, denn es geht nicht darum, Reichtum zu horten, sondern ihn anzuziehen und in Bewegung zu halten; also achte darauf, dass du Geld ausgibst, für wohltätige Zwecke spendest und deinen materiellen Besitz in Umlauf bringst.
- *Teile Lebensmittel mit anderen Menschen:* Bereite eine Mahlzeit für eine Freundin zu, der es schlecht geht, vielleicht weil sie gerade ein Baby bekommen hat oder krank ist. Oder für einen Freund, der gerade in finanziellen Schwierigkeiten steckt. Koche etwas Nahrhaftes, das den Leuten schmeckt, und teile es mit ihnen. Wenn du deine Energie

auf diese Weise von innen nach außen verlagerst, verändert sich die Runenkraft in dir so, dass du mehr Reichtum und Ressourcen anziehst und deinen Mitmenschen noch besser dienen kannst.

Wenn du dich intensiv auf Fehu einlässt, wird sich deine Beziehung zu deinen Finanzen und Ressourcen und zu deinem Energiefluss in jeder Hinsicht verbessern.

Wenn Fehu auftaucht

- Vielleicht soll das ein Hinweis für dich sein, deinen Reichtum nicht zu horten?
- Was könntest du tun, um deinen Reichtum zu vergrößern?
- Mach dir Gedanken über deinen Ruf. Was tut sich da gerade?

Wenn Fehu in einem Runenorakel auftaucht, bedeutet das, dass Reichtum und ein guter Ruf für dich erreichbar sind und dass du etwas unternehmen musst, um beides anzuziehen. Es kann durchaus sein, dass du dich dafür anstrengen musst, so wie andere Menschen vor dir auch. Fehu kommt nicht zu Leuten, die untätig herumsitzen.

Kehren wir nun wieder zu den Kühen zurück. Wenn eine Kuhherde sich frei bewegen kann und Zugang zu Futter hat, werden die Tiere stark. Wenn man Kühe ohne Nahrung an einem Ort festhält, werden sie krank und sterben.

Wenn Fehu also im Zusammenhang mit deinem Reichtum oder deinen Ressourcen auftaucht, ist das für dich ein Hinweis, diese in Fluss zu bringen, damit sie sich vermehren können. Es ist nichts Falsches daran, an Ressourcen festzuhalten, um für Zeiten des Kampfes oder der Ungewissheit vorzusorgen. Aber wenn man sich nicht darum kümmert, können sie nicht wachsen, sich nicht vermehren und sich auch nicht an die jeweilige Situation anpassen.

In einem Runenorakel ist Fehu außerdem eine Aufforderung an dich, deinen Reichtum zu vermehren. Wo gibt es neue Möglichkeiten, deine Energie, deine Ressourcen und dein Geld zu investieren? Vielleicht kannst du deinen Kaffee in Zukunft in einem Indie-Laden statt in einer Supermarktkette kaufen? Oder einem aufstrebenden Künstler ein inspirierendes Kunstwerk abkaufen? Oder vielleicht möchte diese Rune dich dazu anspornen, in deiner Arbeit oder mit deinem Unternehmen eine neue Richtung einzuschlagen? Wo könnten dein Reichtum und deine Ressourcen in Bewegung kommen und fließen? Wo gibt es in dieser Hinsicht zurzeit Einschränkungen?

Das kann sich auch auf deinen Ruf beziehen. Wo fühlst du dich gerade in deiner persönlichen Weiterentwicklung eingeschränkt? Wo bist du zu zögerlich oder kannst dein Potenzial nicht entfalten? In diesem Zusammenhang bedeutet Fehu, dass du das Bild, das andere Menschen von dir haben, verbessern kannst oder dass du in einer Situation feststeckst, die nicht gut für dich ist.

Fehu-Meditation

Wenn du dich ausgelaugt, erschöpft oder ausgebrannt fühlst, kann eine Meditation auf Fehu dir helfen, deine energetischen Batterien neu aufzuladen.

- Zeichne die Rune mit einem Edding auf deine nicht dominante Handfläche.
- Bedecke dann entweder ein Auge mit dieser Hand, um einäugig zu sein wie Odin, oder lege sie auf deine Stirn oder dein Herz. Kopf für Inspiration, Auge für Weisheit, Herz für Wissen.
- Setz dich bequem hin. Ich sitze zum Beispiel gern im Schneidersitz auf einem Kissen auf dem Boden.
- Verbrenne etwas Ambra-Essenz und konzentriere dich dabei auf deine Atmung. Atme sieben Sekunden lang durch die Nase ein und sieben Sekunden lang wieder durch die Nase aus, behalte dabei das Bild von Fehu vor deinem geistigen Auge.
- Praktiziere das drei bis sechs Minuten lang. Ich benutze zum Stoppen der Zeit einen Timer auf meinem Handy.
- Dann nimm dein Tagebuch zur Hand und bringe die ersten zehn Ideen, Wörter oder Konzepte zu Papier, die dir einfallen. Du kannst zeichnen, Skizzen machen oder schreiben - tu einfach das, was sich für dich gut anfühlt und womit du deine Ideen am besten wiedergeben kannst. Das kann dir Einblicke und Orientierungshilfen im Hinblick auf diese Rune und deine Beziehung zu ihren Themen geben.

Affirmation

»Wenn ich das, was ich habe,
mit anderen Menschen teile,
werde ich dadurch reicher.«

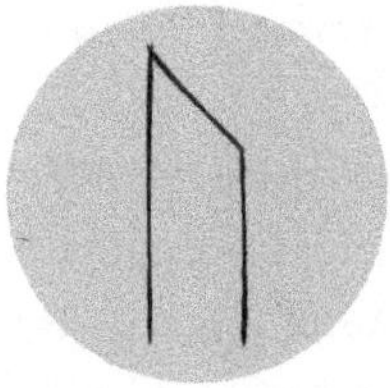

URUZ

URR-UHZZ

Laut
Das »uh« wie in »Ruhe« oder »Stute«; das »uu« in »Uhu« oder »Uhr«.

Inspiration
Wie können rohe Kraft und Macht hier weiterhelfen?

Geschenk
Macht, Stärke, persönliche Verantwortung.

Herausforderungen
Körperliche Schwäche oder missbrauchte Kraft.

Altes Runengedicht

Ur byþ anmod ond oferhyrned, felafrecne deor,
feohteþ mid hornum mære morstapa;
þæt ist modig wuht.

Der Auerochse ist stolz und hat große Hörner;
er ist ein sehr wildes Tier und kämpft mit seinen Hörnern –
ein großes, mutiges Geschöpf, das die Moore durchstreift.

Uruz ist die Macht, die rohe Kraft des Universums. Zur Zeit der Wikinger war das Mächtigste, was man sich vorstellen konnte, der Auerochse – ein riesiges Geschöpf mit gewaltigen Hörnern, das einen Menschen aufschlitzen und um seinen mächtigen Kopf schwingen konnte. Der Auerochse war ein prähistorischer Bison, und du weißt ja, wie groß Bisons sind, oder? Doch im Vergleich zum Auerochsen wirken sie klein. Wenn du dir diese Rune genau anschaust, sieht sie wie ein Auerochse oder Ochse mit hohen Schultern und schräg abfallendem Rücken aus.

Wie der Auerochse ist auch Uruz mächtig und stark – eine mobile Kraft. In unseren heutigen Begriffen könnte man darin einen Bulldozer oder Bagger erkennen – eine enorme Kraft, die sich bewegt und alles vor sich herschiebt; und weil sie so groß, stark und mobil ist, ist sie gleichzeitig frei und unbezähmbar. Uruz steht für wilde Kraft. Keine verrückte, unberechenbare Kraft (wie bei einem tollwütigen Hund), sondern konzentrierte Kraft. Sie weiß, wo sie hinwill, und benutzt nur das, was sie braucht, um an ihr Ziel zu gelangen.

Diese Rune bringt die Energie deiner inneren Kraft zum Vorschein – dein *Ond,* die wilde, stärkende Kraft, die dich erhält und heilt. Wenn du dein *Ond* in die richtigen Bahnen lenkst, kannst du dich selbst heilen; und Uruz ist bei diesem Prozess ein wertvoller Verbündeter.

Wilde Freiheit war für die alten Wikinger ein wichtiges

Konzept. Uruz verkörpert die Energie des einsamen Kriegers, der zu einem Abenteuer aufbricht, oder eines Schiffs voller kühner Entdeckungsreisender, die ihre vertrauten Küsten verlassen, um auf der Suche nach neuen Welten unbekannte Meere zu durchqueren. Uruz steht für die Freiheit, das zu tun, was man tun muss, aber auch dafür, im Rahmen dieser Freiheit die Verantwortung für sein Handeln zu übernehmen. Nur du allein trägst die Schuld daran, wenn dein Langschiff vom Rand der Welt stürzt oder die Midgardschlange Jörmungandr dich frisst.

Die Energie von Uruz ist die männliche Lebenskraft, die danach strebt, alle Hindernisse zu überwinden und alle Gefahren zu überleben, sich auf neue Herausforderungen einzustellen, von Verletzungen zu erholen und aus Schwäche wieder neue Kraft zu schöpfen. Aus all diesen Gründen ist Uruz widerstandsfähig und in der Lage, dem Sturm zu trotzen. Diese Rune bedeutet Kraft, Energie und den Willen, ungeachtet aller Hindernisse vorwärtszugehen.

Uruz ist aber auch eine kraftvolle Energie des Selbstvertrauens und der Selbstbeherrschung. Der Auerochse konnte die meisten Raubtiere – sogar Wölfe – buchstäblich zermalmen, und Menschen wagten sich nur in großen Scharen an ihn heran. Uruz ist ähnlich unangreifbar, selbstbewusst und schwer zu stoppen.

Diese Rune ist die Essenz sturer Entschlossenheit.

Uruz in der heutigen Zeit

Für unsere moderne Welt beinhaltet Uruz mehrere wichtige Aspekte. In persönlicher, physischer Hinsicht steht diese Rune für den starken Mann – jemanden wie Hafthor Björnsson, der 2018 den Wettbewerb World's Strongest Man gewann. Uruz ist die robuste Konstitution, die einer Infektion oder Krankheit widersteht.

Diese Rune steht aber auch für die Kraft des Güterzugs, des Bulldozers, der sich unaufhaltsam und zielstrebig vorwärtsbewegt. War Fehu die domestizierte Kuh, so ist Uruz der wilde Auerochse.

In unserer heutigen Gesellschaft ist Selbstvertrauen eine sehr wichtige Energie. Die Fähigkeit, die eigenen Schwächen zu erkennen und dafür zu sorgen, dass man resilient ist, sich selbst verteidigen und an seinem moralischen Weg festhalten kann, selbst wenn alle um einen herum ins Straucheln geraten, ist eine wichtige Gabe von Uruz.

Eine Beziehung zu Uruz aufbauen

So kannst du diese Runenenergie in deine Welt hineinholen:

- *Verschaffe dir Zugang zu Stärke:* Uruz ist dein Freund, wenn du Kraft brauchst, um etwas zu erledigen. Nutze diese Energie, wenn du rohe, primitive Kraft benötigst. Schreibe diese Rune vor dem Kreuzheben oder einer Kniebeuge auf deine Trainingshandschuhe oder Handgelenkbandagen.
- *Entdecke die Wildheit in dir:* Treibe mehr Sport, hebe schwere Gewichte, trainiere, geh in der freien Natur spazieren. Sei aktiv.
- *Betätige dich als Heiler:* Uruz kann einem Menschen, der Heilung braucht, Energie schenken. Zeichne diese Rune auf die Brust eines Patienten, der sich einer Knochenmarktransplantation unterziehen muss oder an einer kräftezehrenden Krankheit (beispielsweise chronischer Müdigkeit) leidet. Schreibe sie auf einen Verband, ein Pflaster oder eine Bandage, um das Abheilen einer Wunde zu beschleunigen,

oder auf einen Gipsverband, um die Heilung eines Arms oder Beins zu fördern.

- *Überwinde Hindernisse:* Uruz kann eine große Hilfe sein, wenn es darum geht, Hindernisse zu überwinden – geistige oder körperliche Barrieren, aber auch eigene Denk- und Verhaltensmuster, die dir im Weg stehen oder dich von deinen Zielen ablenken. Uruz mag einfache, gerade Linien und lässt sich nicht so leicht von seinem Weg abbringen. Wenn du eine Aufgabe zu erledigen hast, die Willenskraft erfordert, ist diese Rune dein Freund. Aber sei vorsichtig, wenn diese Aufgabe in irgendeiner Weise heikel ist oder dabei leicht etwas schiefgehen kann!
- *Ignoriere Kritik:* Wenn du Uruz zur Stärkung deines Selbstvertrauens einsetzt, kannst du damit rechnen, dass die verbalen Seitenhiebe und Sticheleien missgünstiger Menschen spurlos an dir abprallen. Ein Auerochse konnte von Pfeilen getroffen werden, ohne dass es ihm etwas ausmachte.
- *Andere Runen verstärken:* Uruz kann die Wirkung anderer Runen verstärken, um Heilungseffekte zu erzielen, Schwächen zu überwinden, dein Selbstvertrauen zu stärken und etwas für eine lang anhaltende gute Gesundheit und Energie zu tun.

Wenn Uruz auftaucht

- Wo ist die Stärke?
- Wo ist die Macht?
- Verhält sich hier jemand stur oder eigensinnig? Ist das sinnvoll?
- Wie manifestiert sich die urtümliche Energie?

Wenn Uruz in einem Runenorakel auftaucht, bedeutet das Stärke und Macht. Diese Rune zeigt an, dass Macht und Stärke entweder vorhanden oder erforderlich sind. An welchen Faden des *Wyrd* sich die Rune angehängt hat, hängt von deiner Fragestellung ab.

Uruz steht aber nicht nur für physische Stärke oder Macht, sondern für Macht in all ihren Formen – in psychischer, magischer, politischer Hinsicht usw. Diese Rune symbolisiert eine Macht, die so stark ist, dass nichts sie aufhalten kann.

Umgekehrt kann Uruz aber auch auf einen Mangel an Macht, Kraft oder innerer Stärke hindeuten. Je nach Kontext kann das ein Hinweis auf ein Machtvakuum sein oder bedeuten, dass in einer Situation nicht genügend Stärke oder Willenskraft zum Einsatz kommt.

Wenn Uruz zufällig in deiner Welt auftaucht, dient diese Rune vielleicht dazu, Barrieren niederzureißen, dich von unerwünschter Kontrolle oder von Bindungen zu befreien, die dich einschränken. Diese Rune steht für Selbstvertrauen, Zuversicht, Mut und Tapferkeit. Sie kann bedeuten, dass du wieder neue Hoffnung schöpfen und ein bisschen mehr Willenskraft aufbringen musst.

Wenn Uruz als Lösung für ein Problem auftaucht, bedeutet diese Rune, dass dein Körper mehr Eiweiß und Kraft benötigt.

Fallbeispiel zu Uruz

Ich habe einmal ein Reading für eine Klientin namens Sarah durchgeführt, die wissen wollte, wie sie eine Situation mit ihrem Chef meistern sollte, mit dem sie ein Problem wegen ihrer Bezahlung hatte. Man hatte Sarah bei einer

Beförderung übergangen und ihr dann auch noch zusätzliche Arbeit aufgebrummt. Verständlicherweise war sie davon nicht gerade begeistert. Nicht mehr Geld, stattdessen noch mehr Arbeit …
Im Runenorakel tauchte Uruz in ihrer jüngsten Vergangenheit auf. Das bedeutete, dass sie nicht genügend Kraft hatte, um den Gang der Ereignisse in ihrem Sinn zu beeinflussen. Um diesen Mangel an innerer Kraft zu bekämpfen, gab ich Sarah die Hausaufgabe, einmal täglich zu irgendjemandem an ihrem Arbeitsplatz »Nein« zu sagen. Dadurch würde ein innerer Weg gebahnt, auf dem Uruz sie in ihrer Fähigkeit zu selbstbestimmtem Handeln unterstützen konnte.
Innerhalb von sechs Monaten war Sarah auf einen noch besseren Posten befördert worden, bekam mehr Gehalt – und hatte sich ein Uruz-Tattoo stechen lassen.

Uruz-Meditation

Wenn du ein bisschen mehr Kraft und Power brauchst, ist diese Uruz-Meditation genau das Richtige für dich. Wenn du sie in einer Gruppe durchführst, wächst dein *Ond* für jede Person, die daran mitwirkt, exponentiell. Wenn ihr zu zweit meditiert, verdoppelt es sich also, zu viert verachtfacht es sich usw.
Diese Übung kann ziemlich schweißtreibend sein, also zieh dazu am besten Leggings oder eine Jogginghose an. Du brauchst auch eine rutschfeste Unterlage, zum Beispiel eine Yogamatte.

- Zeichne die Uruz-Rune auf ein Blatt Papier und schreibe dreimal hintereinander den Satz »Ich bin stark« in dein Tagebuch. Behalte diesen Gedanken im Kopf.

- Stell einen Timer auf drei Minuten ein.
- Lass dich auf deiner Matte auf Hände und Knie nieder. Bohre deine Zehen in die Matte und strecke die Beine dann fast ganz durch. Achte darauf, auch die Arme lang auszustrecken und kräftig durchzudrücken; deine Finger sollten dabei nach vorn zeigen. Den Kopf kannst du zwischen den Schultern nach unten sinken lassen.
- Rolle deine Schulterblätter nach oben, als wolltest du deinen Bizeps gen Himmel recken. Stell dir vor, dass du wie die Rune Uruz aussiehst.
- Der Yogi in dir hat inzwischen bestimmt schon erkannt, dass es sich um die Yogaposition »Herabschauender Hund« handelt.
- Sprich oder sing beim Ausatmen »Uruz« vor dich hin. Praktiziere das drei Minuten lang - oder wenn du kein Masochist bist, so lange wie möglich. Je länger du diese Übung durchhältst, umso mehr körperliche und geistige Kraft baust du dadurch auf.
- Gönne dir anschließend ein bisschen Zeit der Stille: Liege ruhig auf dem Rücken oder sitze bequem da und schreibe in dein Tagebuch, was du bei dieser Meditation gefühlt hast. Danach solltest du darauf achten, deine Energie zu erden, indem du etwas isst - zum Beispiel Schokolade.

Affirmation

»Ich trage alle Kraft,
die ich brauche,
in mir selbst.«

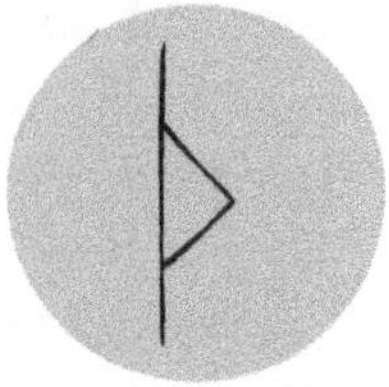

THURIZAZ

THUR-II-SARZ

Laut

Das harte »th« wie in »Thor« oder »thermal«.

Inspiration

Wie können mir Konzentration und Zielstrebigkeit in dieser Situation weiterhelfen?

Geschenk

Konzentrierte Kraft, scharfsichtige Erkenntnis, unmittelbares Handeln.

Herausforderungen

Blinde Wut, Zorn, Verlust der Konzentration auf das Wesentliche, zielloses Handeln.

Altes Runengedicht

Ðorn byþ ðearle scearp; ðegna gehwylcum anfeng ys yfyl,
ungemetum reþe
manna gehwelcum, ðe ihn mid resteð

Der Dorn ist äußerst scharf für Herren und Ritter.
Seine Umarmung ist böse, unendlich grausam,
egal, wer in das Dornengestrüpp gerät.

Thurizaz ist der Dorn. Wie diese Rune zu ihrem Namen gekommen ist, erkennt man bereits an ihrer Form. Wer sich schon einmal in einem Brombeerstrauch oder dornigen Busch oder vielleicht sogar in einem Kaktus verfangen hat, weiß sehr gut, wie scharf und schmerzhaft Dornen sein können. Sie kommen von allen Seiten und aus allen Richtungen – konzentrierte, heftige Angriffe, denen man nur schwer ausweichen kann.

Thurizaz ist auch die Rune von Thor und hat die Form seines Hammers Mjölnir (altnordisch Mjǫllnir), des Schädelbrechers, mit dem Thor die Mauern Asgards verteidigte und … Schädel zertrümmerte. Damals waren die Waffennamen nicht besonders einfallsreich.

Außerdem ist Thurizaz die Rune der Riesen, die im Altenglischen *Thurses* hießen.

Und nun ist es Zeit für eine Geschichte!

Der große Gott Thor ist der nordische Gott des Donners und Blitzes und der Schmiede. Er schützt die Menschen vor allen äußeren Bedrohungen.
In der Sagenwelt gibt es keine schlimmere Bedrohung als Riesen. Sie verursachen den Wintereinbruch, das Wachstum der Gletscher, die Hitze in der Wüste und die Brände in den Wäldern. Wenn sie allzu großes Unwesen treiben und dadurch Probleme verursachen, stehen Thor und sein mächtiger Hammer bereit, um uns vor ihnen zu beschützen.
Als Thor einmal auf Abenteuerreise ging, wurde er von einem Riesen überlistet. Während er abends mit dem Riesen am Feuer saß und trank, schlief der Riese ein. Daraufhin beschloss Thor, ihm mit Mjölnir einen Schlag auf den Schädel zu geben. Doch der Riese wich ihm noch im letzten Moment aus, sodass Thor ihn verfehlte. Dadurch fiel ihm der Hammer aus der Hand und hinterließ einen riesigen Krater in der Erde. So ist der Ritland-Krater in Norwegen entstanden. Das zeigt nur, wie mächtig dieser Hammer ist. Wenn sich die Kraft von Thurizaz auf einen bestimmten Punkt konzentriert, kann dadurch im wahrsten Sinn des Wortes ein Tal entstehen.

Diese Rune steht auch für die Riesen. Was haben Thor und die Riesen gemeinsam? Sie kämpfen gerne. Man könnte in Thurizaz einen Wikingerfürsten in voller Rüstung erkennen: mächtig, schwer umzubringen – die tödlichste Waffe, die es gibt. So ähnlich wie ein moderner Panzer.

Eine der besten Eigenschaften von Thor ist sein unermüdlicher Enthusiasmus – und diese Rune steht für Begeisterungsfähigkeit in Hülle und Fülle. In finsteren Situationen und schweren Zeiten ist Thurizaz die Rune, die dir aus deiner Angst heraushilft und dich zu konzentrierten Aktionen befähigt. Du musst dir nur darüber im Klaren sein, auf welches Ziel du diese Energie richten willst.

Thurizaz in der heutigen Zeit

Thurizaz ist auch in unserer modernen Welt eine großartige Rune: spitz, scharf, fokussiert und anpassungsfähig – schöpferische, männliche Energie in Aktion.

Die Aggressivität von Thor und den Riesen ist in der Energie dieser Rune enthalten. Sie zieht Abwehr- und Verteidigungskräfte an und kann plötzliche Umwälzungen verursachen. Gleichzeitig ist sie aber auch eine Schutzrune – und zwar keine, die sich hinter einer Mauer versteckt oder Barrieren errichtet, sondern eine, die glaubt, dass Angriff die beste Verteidigung ist, und dabei fast rücksichtslos vorgeht.

Thurizaz taucht in dem angelsächsischen Runengedicht als »Dorn« auf, denn diese Rune ist scharf und spitz und kann bei Bedarf zur Fokussierung eingesetzt werden, so wie ein ferngesteuertes Geschoss. Man kann die konzentrierte Zerstörungskraft dieser Rune wie das Messer eines Chirurgen einsetzen, um Unnötiges herauszuschneiden oder Schlacken zu entfernen. Diese zielgerichtete Konzentration, die alles andere ausblendet, ist eine der Manifestationen von Thurizaz.

Diese Rune steht aber auch für die Dornen, die Prüfungen des Lebens. Sie sagt uns, dass man kämpfen muss, um zu Wahrheit, spirituellem Wissen und Erleuchtung zu gelangen.

Außerdem ist Thurizaz eine Fruchtbarkeitsrune in dem Sinn, dass sie unfruchtbares, hartes, steiniges Terrain in bebaubaren Boden verwandelt, der die Ernte und den Mutterleib fruchtbar macht.

Eine Beziehung zu Thurizaz aufbauen

Thurizaz und Uruz stehen beide für Kraft; doch während Uruz rohe Gewalt repräsentiert, ist Thurizaz eher eine konzentrierte Kraft, vergleichbar einem Laserstrahl. Wenn du boxen würdest, wäre es sehr hilfreich, diese Rune auf deine Boxhandschuhe zu zeichnen. Für differenzierte Argumente oder Diskussionen ist sie jedoch nicht geeignet. Sie kann auch nicht gut mit Ablenkungen umgehen, sondern ignoriert sie sogar. Also verwende diese Rune lieber nicht in einem geistigen oder taktischen Kampf, sondern lieber in einem Faustkampf oder einer Auseinandersetzung, bei der es auf aktives Handeln ankommt.

Die beste emotionale Verfassung für die Arbeit mit Thurizaz ist nicht Wut oder Angst, sondern Enthusiasmus, da dieser viel eher die richtige Einstellung in dir weckt und die der starken Thurizaz-Energie innewohnende potenzielle Gefahr abmildert.

Arbeite mit dieser Rune, wenn du dich konzentrieren und deine Energie in die richtige Richtung lenken möchtest, um etwas zu erreichen:

- *Wenn du in den Kampf ziehst:* Thurizaz ist zwar eine Schutzrune; aber schreibe sie lieber nicht auf echte Rüstungen, vor allem nicht auf Helme, denn Thor wurde von einem Stein am Kopf getroffen, der dort stecken blieb – kein sehr kluges Vorgehen! Thurizaz ist viel hilfreicher, wenn man – im wörtlichen oder übertragenen Sinn – in die Schlacht zieht, als wenn man Schutz vor Schaden sucht.

- *Wenn es auf Genauigkeit ankommt:* Lege Thurizaz auf deine Messerscheide, dein Taschenmesser oder auf alles, wobei es auf Genauigkeit und Treffsicherheit ankommt. Ich habe diese Rune auf meinem Tablet liegen, weil sie mich genau zu der Präzision befähigt, die ich bei meiner Arbeit so sehr schätze.
- *Wenn du konzentriert sein musst:* Wenn du zum Beispiel eine Prüfung ablegen oder eine Aufgabe erledigen musst, hilft Thurizaz dir dabei, auf dein Ziel konzentriert zu bleiben und es zu erreichen.
- *Wenn du angreifen musst, ohne dich selbst in Gefahr zu bringen:* Das mag sehr martialisch klingen; aber wenn dich jemand respektlos behandelt, kannst du mithilfe von Thurizaz ungestraft darauf reagieren.

Fallbeispiel zu Thurizaz

Als Simon, dem es bei der Arbeit im Homeoffice an Konzentration mangelte, mich um Hilfe bat, war Thurizaz die Rune, die mir sofort dazu einfiel.

Simon brachte die Dornenrune an seinem Laptop an; und da er ein begabter Grafikdesigner ist, entwickelte er auch einen Bildschirmschoner, in den er diese Rune einbaute. Das half ihm, mehr Konzentration in sein Leben zu bringen.

Wenn Thurizaz auftaucht

- Wem fehlt es an Konzentration?
- Wohin wird die Kraft gelenkt?
- Wo wird scharfe, zielstrebige Energie gebraucht?
- In welchem Bereich gibt es durchdringende Energie?

Thurizaz ist spitz wie ein Dorn. In ihrem positiven Aspekt steht diese Rune für aktives Handeln und Konzentration, wobei das Handeln die erste Stelle einnimmt. Doch wenn man ihre Energie nicht konzentriert und zielgerichtet einsetzt oder sich dabei nicht an strenge Moralvorstellungen hält, kann sie zu einer chaotischen Rune werden, die Unglück bringt.

Wenn Thurizaz in einem Reading oder in deinem Leben auftaucht, kann sie für schädliche Obsessionen stehen – zum Beispiel für sexuelle Besessenheit, eine falsche Reaktion auf eine Situation oder eine zerstörerische Kraft, einen Konflikt oder einen unbeständigen Charakter. Diese Rune kann aber auch den Willen oder die Motivation zu einer Veränderung symbolisieren. Sie kann vor einer drohenden Störung oder tiefgreifenden Veränderung warnen, sich aber gleichzeitig auch als ausgleichende Kraft manifestieren, die uns hilft, bevorstehende Schwierigkeiten zu überwinden.

Thurizaz ist entweder Chaos oder Fokus – das Chaos der hemmungslosen Lebenskraft oder die konzentrierte Kraft des Blitzes.

Thurizaz-Meditation

Suche dir einen bequemen Platz, zum Beispiel ein Schaffell oder eine weiche Decke. Wenn du dich so hinknien kannst, dass dein Po auf den Fersen ruht, ist das die ideale Position. Falls sie dir zu unbequem sein sollte, lege ein Kissen unter deine Knie und/oder deinen Po oder finde deine andere Sitzposition, die für dich angenehm ist.

- Stell einen Timer auf drei Minuten ein und schreibe dreimal hintereinander in dein Tagebuch: »Ich bin konzentriert; ich bin Thurizaz.«
- Zeichne Thurizaz auf ein Blatt Papier oder lege den Runenstein vor dich hin.
- Führe deine Hände so vor die Brust, dass sie deine Unterarme in einem Affengriff umklammern - mach deine Finger zu Haken, als würdest du zu schwere Einkaufstüten tragen, und verhake deine Hände dann ineinander. Bei Frauen zeigt dabei die linke Handfläche zum Körper, bei Männern die rechte.
- Starte deinen Timer, atme drei Minuten lang sehr schnell durch die Nase ein und aus und mach dabei so viel Lärm wie ein Gewitter oder eine wütende Ziege. Wenn du die Energie des Donners in deinen Körper hereinholst, bringt dir das die Konzentration des Dorns und die Kraft des Donners.
- Danach schreibst du die Gedanken und Gefühle, die bei dieser Meditation in dir aufgestiegen sind, in dein Tagebuch.

Affirmation

»Ich bin fokussiert. Ich bin stark.«

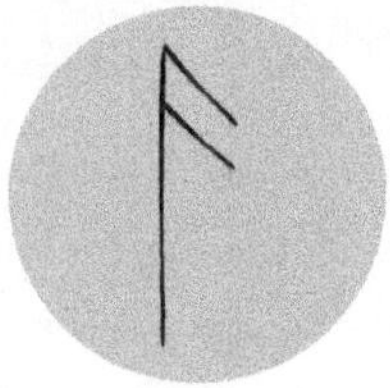

ANSUZ

AHN-SUUZ

Laut
Das »a« wie in »Ase«, »sagen« oder »Anker«.

Inspiration
Wo kann ich andere Menschen mit meinen Akten der Ekstase inspirieren?

Geschenk
Inspirierte Kommunikation.

Herausforderungen
Verwirrung oder Fehlkommunikation, Fake News, Manipulation.

Altes Runengedicht

Os byþ ordfruma ælere spræce,
wisdomes wraþu ond witena frofur
and eorla gehwam eadnys ond tohiht.

Der Mund ist der Ursprung aller Sprache,
eine Säule der Weisheit und ein Trost der Klugen,
ein Segen und eine Freude für jeden Jarl.

Das ist die Rune des Allvaters: Grimnir, Herr Mittwoch, Odin. Früher konnten nicht alle Norweger, Dänen, Jüten, Angeln und Sachsen schreiben; ein »gebildeter Mann« (Adliger) zeichnete sich dadurch aus, dass er in der Lage war, seinen Stammbaum über sechs Generationen hinweg aufzusagen, ein Heldengedicht zu verfassen und es auf dem Heimritt von einer gewonnenen Schlacht vorzutragen.

Odin und die Sprache

Odin ist der Gott der Könige – derer, die herrschen und führen. Er ist sich seiner Stärken und Schwächen bewusst – obwohl Letzteres immer ein bisschen schwieriger ist, weil … na ja, das Ego – und er investiert viel Zeit, um dafür zu sorgen, dass er wirklich so gut ist, wie er sein kann: Odin ist der Gott der Selbstverbesserung. Eines Tages stellte Odin fest, dass er den Met der Poesie brauchte – ein mystisches Getränk, das aus Honig, Wasser und dem Blut eines toten Gottes hergestellt wird (niemand hat gesagt, dass das hier eine schöne Geschichte ist …). Also fand er heraus, wo

die Draegr (Trolle) diese Essenz der Poesie und Inspiration brauten, und machte sich als Adler getarnt auf den Weg dorthin.
Als der Einäugige zu dem Berg kam, in dem das Getränk hergestellt wurde, merkte er schnell, dass er nicht durch die Vordertür hineingehen konnte; also fand er einen winzigen Spalt in dem Berg, durch den nur ein Wurm hindurchschlüpfen konnte. Da er schlau und gerissen war, verwandelte er sich in einen Wurm und schlängelte sich durch den Berg in das Gemach, in dem der riesige Kessel vor sich hin brodelte.
Als Odin sich wieder in sich selbst zurückverwandelte, stand er plötzlich einer wunderschönen Riesin namens Gunnlöd gegenüber. Als er merkte, dass er überrumpelt worden war, besann er sich auf seinen Charme und verführte die überraschte Riesin, die diese Aufmerksamkeit ehrlich gesagt als sehr schmeichelhaft empfand, nachdem sie viele Jahre lang in einer Höhle festgesessen hatte.
Als sie schlief und nicht mehr aufpasste, schluckte Odin den Inhalt des Kessels und bahnte sich mit der Flüssigkeit im Mund seinen Weg aus dem Berg hinaus.
Die Trolle fanden das überhaupt nicht lustig, und Gunnlöd erst recht nicht – wer will schon einen Liebhaber, der einen erst bestiehlt und dann abhaut, während man schläft? Also verwandelten die Trolle und die Riesin sich in Falken und verfolgten Odin, der mit vollen Backen den Berghang hinunterwatschelte.
Als Odin seine Verfolger erblickte, bekam er es mit der Angst zu tun, verwandelte sich in einen Riesenadler und flog davon.
Aber Adler sind nun einmal nicht unbedingt für die Größe ihrer Backen bekannt; daher ließ Odin beim Wegfliegen Tropfen des Mets der Poesie über das ganze Land fallen, sodass Menschen zu Dichtern und Künstlern wurden oder andere kreative Begabungen entwickelten.

Als er nach Hause kam, hielten die anderen Götter die rachsüchtigen Verfolger auf, und Odin spuckte seinen Met in einen großen Krug, um ihn dort so lange aufzubewahren, bis er ihn brauchte. Auf diese Weise erlangte Odin die Macht der Poesie und der Sprache. Und so haben wir Menschen Inspiration von den Göttern empfangen. Auf diesem Weg wurde uns auch Ansuz – die Rune der Worte, der Sprache und der Kreativität – geschenkt.

Ansuz ist die Quintessenz der Inspiration. Diese Rune kommuniziert mit Witz, Elan und Begeisterung und ist klug genug, um zu wissen, wann man sprechen und wann man schweigen muss, wann man drohen und wann man sich versöhnlich zeigen sollte. Es ist die Rune des Anführers, der seine Gefolgsleute zu großem Mut und unverbrüchlicher Loyalität inspiriert und seinen Gegnern viel Kummer und Verdruss bereitet.

Ansuz ist also die wikingische Verkörperung des redegewandten Verkäufers oder inspirierenden Anführers, des doppelzüngigen Politikers und geschickten Therapeuten – aller Menschen, die mithilfe von Worten ein gewünschtes Ergebnis erzielen und sich dabei nur von ihren ethischen Grundsätzen einschränken lassen.

Ansuz in der heutigen Zeit

Man kann sich Ansuz als Inbegriff kluger Kommunikation vorstellen. Im Altsächsischen heißt diese Rune *Os*, was »Mund« bedeutet; denn Ansuz hilft uns beim Sprechen.

Wenn wir einem charismatischen Menschen begegnen oder selbst Charisma besitzen, dann ist das die Energie von Ansuz – und zwar nicht charismatisch im Sinn von schön, sondern von gewinnendem Wesen: Gemeint ist ein Mensch, mit dem man gerne spricht.

Ansuz ist der sympathische Schauspieler, aber auch der trockene Nachrichtensprecher – ein Sektenführer, der die Menschen verblendet, oder ein von leidenschaftlicher Begeisterung beseelter Lehrer. Überall, wo Sprache und Worte verwendet werden, ist Ansuz gegenwärtig. Sprache muss aber nicht unbedingt nur aus Worten bestehen: Auch Tanz und Musik sind ein Ausdruck der Energie, die in dieser Rune steckt.

Eine Beziehung zu Ansuz aufbauen

Ansuz ist die Rune der Kommunikation und der Rede, bei der es darum geht, andere Menschen zu überzeugen oder zu unterhalten – lauter Aktivitäten, vor denen wir Angst haben. Mithilfe dieser Rune kannst du solche Ängste überwinden:

- *Wenn du zu einem Vorstellungsgespräch gehst oder besonders redegewandt sein musst:* Dann kannst du Ansuz in deiner PowerPoint-Präsentation verstecken, damit deine Botschaft so ankommt und gehört wird, wie du es dir wünschst.
- *Auf der Suche nach schöpferischer Inspiration:* Befestige diese Rune während des Schreibens an deinem Laptop (so mache ich es auch!), male sie auf deine Pinsel oder zeichne sie vorn auf dein Skizzenbuch.
- *Wenn du singst oder auftrittst:* Klebe einen Ansuz-Sticker auf dein Mikrofon und/oder Musikinstrument, denn diese Rune verleiht dir die Gabe, dein Publikum zu fesseln – sei es mit deinem Witz, deiner Stimme oder deiner Performance.
- *Beim Debattieren:* Zeichne Ansuz auf deine Gesprächsnotizen, damit diese Rune dir die Energie klug gewählter Worte bringt.

Wenn Ansuz auftaucht

- Wo ist Kreativität gefragt?
- Wo fehlt es an Inspiration oder wo ist sie vorhanden?
- Wie wird die Stimme eingesetzt?
- Warum werden Worte missverstanden?
- Wer manipuliert die Situation?

Ansuz steht für Kommunikation, Sprache, Unterhaltung, Gesang … und Manipulation.

Wenn du diese Rune in der Natur oder in einem von Menschen geschaffenen Gebilde erkennst, solltest du darauf achten, was um dich herum gesagt wird. Werden diese Worte in wohlwollender oder manipulativer Absicht geäußert? *Wie* etwas gesagt wird, ist fast genauso wichtig wie das, *was* gesagt wird.

Achte auch auf technologische Kommunikation – wo besteht das Risiko, dass Dinge falsch kommuniziert werden? In einer E-Mail oder SMS? Oder in Tweets?

Suche nach versteckten Botschaften: Was wird verheimlicht? Was wird *nicht* gesagt? Lies zwischen den Zeilen.

Ich habe Ansuz sogar schon in den Kabeln erkannt, die zu einem Rednerpodium führten, und diese Rune auch im Beleuchtungsequipment für einen Vortrag gesehen, den ich halten sollte. Das brachte mich dazu, sehr genau darauf zu achten, wie ich kommunizierte und was andere zu mir sagten.

Ansuz-Meditation

Mithilfe von Ansuz kannst du dich in deiner Kreativität inspirieren lassen. Das geht so:

- Stell einen Timer auf drei Minuten ein.
- Setz dich bequem hin: mit geradem Rücken, angewinkelten Armen, die Ellbogen an den Seiten, die Hände vor der Brust, die Handflächen ausgestreckt und vom Körper weg gerichtet.
- Berühre nun jeweils mit dem Daumen derselben Hand die Wurzel deines kleinen Fingers und lege deine beiden Daumen an den unteren Enden aneinander, um die Flügel von Odins Raben darzustellen.
- Atme durch die Nase ein und aus und führe die Hände (immer noch in Flügelstellung) zu deinem Herzen.
- Richte dein Augenmerk auf den Mittelpunkt der beiden Flügel und erkläre: »Ich bin offen für alles, was ich empfange.«
- Sitze zwei bis fünf Minuten lang still da.
- Dann schreibe auf, was für Bilder oder Botschaften du während dieser Meditation empfangen hast.
- Entspanne dich ein paar Minuten lang, trinke ein bisschen Wasser, lass dich inspirieren und erschaffe etwas.

Affirmation

»Meine Worte sind meine Magie.«

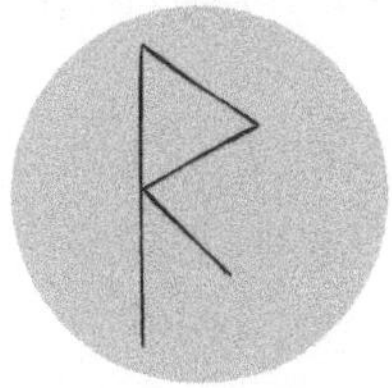

RAIDO

REI-DU

Laut
»Rh« oder »rr« wie in »Regen«, »Ritt« oder dem Geräusch, das ein Pirat macht.

Inspiration
Dich in ein Abenteuer stürzen, Risiken eingehen, etwas Neues ausprobieren. Das Aufregende einer Reise.

Geschenk
Die Begeisterung über neue Erfahrungen.

Herausforderungen
Zu starke Konzentration auf das Abenteuer, ohne dich auf die Ereignisse in deinem wirklichen Leben zu konzentrieren.

Alter Runentext

Rad byþ on recyde rinca gehwylcum sefte
ond swiþhwæt, ðamðe sitteþ on ufan meare
mægenheardum ofer milpaþas.

Das Reiten erscheint jedem Krieger leicht,
wenn er drinnen sitzt, und demjenigen mutig,
der auf dem Rücken eines starken Pferdes über die Gebirgsstraßen zieht.

Im trüben Nebel grauer Vorzeit war der gute Ruf eines Menschen besonders wertvoll. Raido ist das, worauf sich dieser Ruf gründet: Abenteuer – die Fähigkeit, sich auf das Leben einzulassen, Risiken einzugehen und Erfahrungen zu sammeln. Diese Rune steht für den Nervenkitzel des Wanderns über Landstraßen, das aufregende Gefühl, Unbekanntes zu entdecken …

Es gehörte zur Mentalität der nordischen Clans, aktiv auf Abenteuer auszugehen. Raido ist dieser Ruf, diese Sehnsucht, dieses *Bedürfnis,* zu sehen, was hinter dem Berg liegt. Nicht einfach nur um des Tapetenwechsels willen, sondern weil die Sehnsucht nach neuen Erfahrungen – nach Freiheit von gesellschaftlichen Normen – ein tief in unserem Inneren verwurzeltes Bedürfnis ist.

In der Gesellschaft der Wikinger bestand die besondere Eigenschaft eines Kriegers – eines würdigen Mannes – in seiner Fähigkeit, von erstaunlichen Abenteuern zu erzählen und Neuigkeiten aus fernen Ländern und von den dort lebenden

Menschen zu überbringen. Das war ein Zeichen für Ruhm und Ansehen.

Raido in der heutigen Zeit

Und genauso ist es auch in unserer heutigen Welt: Wenn du auf Reisen gehst, dich mit dem Rucksack auf eine Entdeckungstour begibst und anschließend wieder zurückkommst, kannst du deinen Freunden und Altersgenossen erzählen, was du dabei alles an Erstaunlichem erlebt hast, und dir dadurch einen guten Ruf aufbauen. Das ist Raido. Wenn du an einem kalten Morgen, an dem nur die Straßenlaternen den Nebel erhellen, vor deine Haustür trittst und zum Flughafen fährst, ist das Raido. Wenn du dich zum ersten Mal in deinem Leben auf die Geburt eines Kindes einlässt, dich auf eine Reise ins Unbekannte oder überhaupt auf irgendeine Reise begibst, besitzt du den gleichen Abenteuergeist, denn Raido ist es egal, wohin du gehst. Wichtig ist nur, dass du in Bewegung bleibst.

Der Inbegriff von Raido in unserer modernen Kultur ist der Biker – jemand, der eine Tasche packt und sich dann einfach der offenen Straße anvertraut. Das ist Raido: den Wind in den Haaren und nichts als Freiheit, neue Chancen und Möglichkeiten vor sich.

Raido ist aber nicht nur die geografische Reise von A nach B, sondern auch eine spirituelle Reise. Die archetypische Heldenreise. Außerdem ist diese Rune ein sehr wirksames Hilfsmittel bei schamanischen oder magischen Praktiken. Wenn du dich auf eine spirituelle Reise begibst, dann denke daran, dass du das Gleiche tust, was andere Menschen schon seit Jahrtausenden vor dir getan haben: durch diese Reise – das

Sich-Einlassen auf ein Abenteuer – innerlich zu wachsen, dich weiterzuentwickeln und etwas zu lernen.

Eine Beziehung zu Raido aufbauen

Es gibt verschiedene Möglichkeiten, Reisen und Abenteuer zu einem Teil deiner Lebenserfahrung werden zu lassen:

- Stecke Raido in deinen Reisepass oder in etwas anderes, das du ganz nah bei dir trägst. Aber klebe diese Rune nicht auf dein Gepäck, sonst geht der Koffer womöglich allein auf Reisen – und wir alle wissen, wie frustrierend es sein kann, in einem Hotel anzukommen, ohne Unterwäsche zum Wechseln zu haben! Aber auch das ist schließlich der Sinn von Raido – eine neue Erfahrung. Die man genießen sollte. Wenn möglich …
- Raido ist auch dein Verbündeter, wenn es darum geht, eine lange, langweilige Reise anzutreten. Du musst zehn Stunden fahren, um an einer Hochzeitsfeier in der Wüste teilzunehmen? Dann wird Raido diese Fahrt interessant gestalten. Sei jedoch vorsichtig bei der Auswahl dieser interessanten Ereignisse, denn Raido ist auch bei Tempo 100 auf der Autobahn noch für eine Überraschung gut! Denke daran, dass du *jede* Fahrt selbst gestalten kannst – je nachdem, wie du sie erlebst. So kann ein »langweiliger« Weg zur Arbeit zu einem epischen Abenteuer werden: du inmitten anderer Menschen in lauter Metallboxen, von denen jeder seine eigene Geschichte hat.
- Raido kann aber auch ein wertvoller Verbündeter sein, wenn du meditieren oder dich auf eine schamanische Reise begeben möchtest. Betrachte diese Rune als Katalysator, der es dir erleichtert, einen anderen energetischen Weg einzu-

schlagen. Lege sie auf dein Tagebuch oder sticke sie auf deine Medizindecke.

Wenn Raido auftaucht

- Wohin könnte eine Reise dich führen?
- Wann könntest du aufbrechen?
- Wie könntest du nach Abenteuern suchen?
- Was könntest du erleben?
- Wer könnte dir dabei helfen?

In einem Reading deutet Raido auf eine bevorstehende Reise oder die Sehnsucht nach einer Reise hin – den Geist des Abenteuers, der Freiheit.

Raido kann aber auch eine Herausforderung sein – und dann bedeutet diese Rune genau das Gegenteil: die Stagnation der Untätigkeit. Also achte auf den Kontext, in dem Raido auftaucht.

Wenn du unterwegs zufällig irgendwo etwas entdeckst, das so aussieht wie Raido, solltest du dir wiederum über den Kontext Gedanken machen. Könnte dich diese Rune in ein Kaninchenloch führen wie Alice im Wunderland? Oder will sie dich auf eine Entscheidung vorbereiten, die dich dazu bringen könnte, dich voller Freude in die Erfahrung des Lebendig-Seins und in all die Abenteuer hineinzustürzen, die auf dich warten? Hab keine Angst davor, den Zeichen zu folgen, die Raido dir gibt – vor allem, wenn du eine Erfahrung machen möchtest, von der du deinen Freundinnen später an einem warmen Kamin- oder Lagerfeuer erzählen kannst.

Raido-Meditation

- Für diese Meditation brauchst du dein Tagebuch, einen Stift und einen Timer, wenn du einen hast. Zeichne oder schreibe die Rune Raido in dein Tagebuch.
- Setz dich bequem hin; wenn es dir lieber ist, kannst du dich auch hinlegen.
- Atme durch die Nase ein und aus.
- Lass ein Bild von dir selbst auf einer Reise vor deinem geistigen Auge erstehen, als würdest du dich selbst in einem Film betrachten. Schau dir im Schnelldurchlauf an, wie du all die fantastischen Dinge erlebst, die du auf deiner Abenteuerreise vorhast.
- Lass dieses Video anschließend noch einmal in deinem »Kopfkino« ablaufen.
- Praktiziere das mindestens 21 Tage hintereinander, um die dazu passenden Energien in deinem System aufzubauen, damit du auf deiner Reise auch wirklich das Abenteuer findest, nach dem du dich sehnst.
- Das Video, das du vor deinem inneren Auge abspielst, kann jedes Mal anders aussehen; aber es muss sich auf dieselbe Reise beziehen. Die Reise ist dieselbe - nur das Abenteuer ist ein anderes.

Affirmation

»Abenteuer bringen inneres Wachstum und neue Möglichkeiten.«

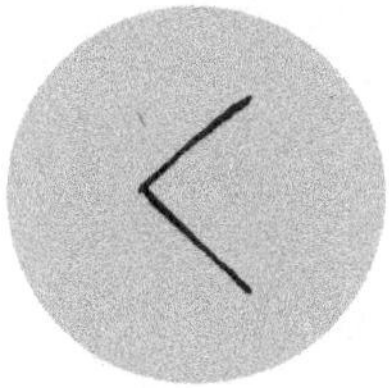

KENAZ

KEN-AZ

Laut
Das »k« wie in »König« oder »Katze«.

Inspiration
Erleuchtung in der Dunkelheit.

Geschenk
Einsicht in das Verborgene.

Herausforderungen
Dich zu stur auf eine Sache konzentrieren, ohne über den Tellerrand hinauszuschauen; brennende Hitze.

Altes Runengedicht

Cen byþ cwicera gehwam, cuþ on fyre blac ond beorhtlic, byrneþ oftust
ðær hi æþelingas inne restaþ.

Eine Fackel bedeutet Feuer für jedes Lebewesen, leuchtend; am häufigsten brennt es dort, wo die Fürsten sich ausruhen.

Kenaz ist der Schein einer Fackel in der Dunkelheit, der die Angst vertreibt.

Einsicht, Weisheit und Wissen kommen oft erst dann, wenn wir Schmerzen erlitten und einen Überlebenskampf durchgemacht haben. Nach diesem Muster ist die menschliche Evolution abgelaufen: Durch Krieg, Tod und Seuchen haben wir große, innovative Fortschritte gemacht. Aber nur selten *entscheiden* wir uns aktiv dafür, einen Blick in die Dunkelheit zu wagen, denn den meisten von uns wurde gesagt, dass dort die Angst wohnt.

Im Norden, wo es mitten im Winter nicht mal eine Stunde lang hell wird, muss man für genügend Licht sorgen, um zu sehen, gesehen zu werden und in Sicherheit zu sein. So wurde es für die nordischen Völker praktisch zu einer Religion, Licht ins Dunkel zu bringen. Diese Beleuchtung ermöglichte es ihnen, in der Dunkelheit des Winters zu leben, die von funkelnden Lichtern durchbrochen war.

Die Wikinger trugen viel glänzenden Silberschmuck, der oft mit geschliffenen Steinen und Edelsteinen besetzt war; wer besonders reich war, schmückte sich auch mit Gold.

Ihre langen Hallen wurden von Öllampen, Binsenfackeln oder Feuerstellen erleuchtet. An einem Ort, der nur von einer einzigen Lichtquelle erhellt wird, glänzen Silber, Gold und Edelsteine noch stärker. Sie funkeln und glitzern. Probiere das gleich heute Abend einmal aus: Poliere deinen Lieblingsschmuck, zieh die Vorhänge zu, zünde eine Kerze an und beobachte, wie dein Schmuck das Licht reflektiert. Das funktioniert sogar mit Stahl – allerdings nicht mit rostfreiem.

Man kann diese Rune auch als Wissen oder Einsicht interpretieren, die das Dunkel der Unwissenheit vertreiben. Die Wikinger legten großen Wert auf Wort- und Sprachspiele. Kenaz steht für die Fähigkeit, Verwirrung zu durchschauen und Rätsel zu lösen.

Diese Rune hat aber auch noch eine andere Bedeutung. Wie bereits erwähnt, bringt uns gerade ein Schmerz oft Innovation und Weitsicht. Der Schmerz eines Geschwürs oder einer Krebserkrankung motiviert uns dazu, nach Heilung zu suchen. Die Trauer um den Verlust eines Kindes kann dazu führen, dass wir uns auf die Suche nach einem Sinn begeben. Wachstum durch Unglück: Auch das ist immer noch Wachstum – allerdings kein besonders angenehmes.

Kenaz in der heutigen Zeit

Im modernen Sinn steht Kenaz für den Drang nach Innovation: die Kartierung des Genoms, die Entdeckung eines Impfstoffs, die Entwicklung eines Medikaments.

Diese Rune symbolisiert aber auch die Wahrheit, die sich in den Lügen verbirgt. In der Welt der sozialen Medien, der Fake News und der Massenkommunikation repräsentiert sie den Faktencheck, die Suche nach der im Dunkeln verborgenen Wahrheit.

Außerdem steht Kenaz für einen diagnostischen Eingriff – für den Forscher, der nach neuen Informationen sucht. Während Raido das Abenteuer sucht, strebt Kenaz nach dem Wissen und der Weisheit, die sich daraus ergeben.

Wenn du das Internet durchsuchst, ist Kenaz deine Suchmaschine. Aber denke daran, welche anderen Energien dabei im Spiel sind und das Ergebnis beeinflussen können! Wer hat dafür bezahlt, auf dem Bildschirm aufzutauchen, und wer manipuliert die Ergebnisse deiner Suche? Bei Kenaz geht es darum, nicht nur das gewünschte Resultat zu sehen, sondern sich auch der anderen Einflüsse bewusst zu sein.

Eine besonders wichtige und hilfreiche Einsatzmöglichkeit von Kenaz ist Präkognition: die Fähigkeit, die Zukunft vorauszusehen (oder zu hören, zu fühlen, zu riechen – je nachdem, wofür du ein besonderes Talent hast). Kenaz ist ein starker Verbündeter, wenn es darum geht, die Nebel des *Wyrd* zu durchdringen und zu sehen, was auf uns zukommt.

Eine Beziehung zu Kenaz aufbauen

Kenaz ist das Licht in der Dunkelheit, also:

- Zeichne Kenaz auf deine Post-it-Haftnotizen, wenn du in der Schule, im Studium oder am Arbeitsplatz etwas Neues lernst.
- Klebe diese Rune an die Innenseite deines Brillengestells, um das zu finden, was du finden musst.
- Wenn du in einem Einkaufszentrum oder Kaufhaus nach etwas suchst, zeichne Kenaz auf ein Stück Papier und stecke es in deine Tasche. Das wird dir helfen, das Gesuchte zu finden.

- Diese Rune ist auch eine gute Hilfe, um verloren gegangene Schlüssel oder andere fehlende Gegenstände wiederzufinden.
- Wenn du versuchst, die Wahrheit in einer bestimmten Situation zu entdecken, hilft Kenaz dir dabei, die Lügen und Halbwahrheiten zu durchschauen. Denke daran, dass diese Rune die Wahrheit liebt – egal, in welchem Zusammenhang oder mit welchen Konsequenzen. Kenaz würde ohne Weiteres die Büchse der Pandora öffnen, nur um zu sehen, was sich darin befindet.
- Male, sticke oder zeichne Kenaz auf deinen Runen- oder Tarotbeutel, damit es dir gelingt, die Nebel des *Wyrd* mit deiner Klarsichtigkeit zu durchdringen.

Wenn Kenaz auftaucht

- Wo ist das Dunkle und Unklare an dieser Situation?
- Wer steht in der Dunkelheit? Wer bringt Licht ins Dunkel?
- Was ist verborgen?
- Wo könnte das Licht die stärkste Wirkung erzielen?
- Warum verursacht die Dunkelheit Probleme?

Kenaz deutet darauf hin, dass es etwas Verborgenes gibt, in das du Licht hineinbringen musst. Vielleicht ist es absichtlich versteckt worden. Anhand des Kontexts deiner Fragestellung kannst du herausfinden, was dieses Verborgene ist oder wo es sich befindet.

Bei einer Frage zum Thema Gesundheit steht die Rune Kenaz für eine Entzündung oder etwas, das einen dumpfen Schmerz verursacht, zum Beispiel ein Geschwür oder ein

Tumor. Vielleicht nicht im wörtlichen, aber im übertragenen Sinn. Diese Entzündung muss näher untersucht werden, da sie nicht leicht zu identifizieren ist. Kenaz bedeutet, dass nach Wissen oder Erleuchtung gesucht werden muss.

Wenn du nicht nach Wissen suchst oder danach fragst und Kenaz trotzdem auftaucht, halte die Augen offen, denn dann könnte etwas im Verborgenen lauern!

Kenaz-Meditation

Kenaz bringt dir die Aura der Erkenntnis. Diese Meditation hilft dir, mit dieser Energie umzugehen.

- Setz dich bequem auf einen Stuhl, ein Sofa oder den Fußboden. Benutze Kissen, um diese Meditation so angenehm wie möglich zu gestalten.
- Nimm dein Tagebuch zur Hand und zeichne oder schreibe Kenaz auf eine leere Seite.
- Sobald du es dir bequem gemacht hast, konzentriere dich auf deine Nasenspitze. Du kannst die Augen dabei offen oder geschlossen lassen.
- Dann rolle deine Zunge nach oben und versuche, mit der Zungenspitze deinen Gaumen zu berühren.
- Stell deinen Timer und bleibe drei Minuten lang in dieser Position. Versuche dabei, das Bild von Kenaz vor deinem geistigen Auge zu halten.
- Sobald du mit dieser Meditation fertig bist, schreibe alles auf, was dir dabei eingefallen ist.

- Wiederhole diese Übung eine Woche lang jeden Tag (Du kannst sie aber auch immer dann machen, wenn du mehr Erkenntnisse gewinnen möchtest.).

Affirmation

»Ich kann das Verborgene sehen.«

GEBO

GEEH-BOH

Laut
Das »g« wie in »Geschenk« oder »Gabe«.

Inspiration
Ich habe das gesehen und dabei an dich gedacht.

Geschenk
Vertrauen, Ehre, Geschenke.

Herausforderungen
Gier, Eifersucht, Missgunst.

Altes Runengedicht

Gyfu gumena byþ gleng und herenys,
wraþu und wyrþscype und wræcna gehwam
ar und ætwist, ðe byþ oþra leas.

Ein Geschenk ist für Helden
keine Zierde und Würde, die sie gnädig erscheinen lässt,
sondern eine Unterstützung für diejenigen, die nichts anderes haben.

Früher wurde Reichtum von Menschen gehortet, die ausreichend kriegerische oder militärische Macht besaßen, um ihn zu verteidigen. Wer diese Fähigkeit nicht besaß, hatte das Nachsehen. Das mag hart klingen; aber in der damaligen Kultur gab es eine wichtige Gepflogenheit, die dieses Unrecht bis zu einem gewissen Grad ausglich: Herrscher vom König bis zum Jarl mussten ihren Gefolgsleuten Geschenke machen. Zum Beispiel schenkte ein Herrscher seinen Gästen Kleidung, Essen und Unterkunft. Daran merkten sie, dass man sie schätzte; außerdem zeigte der Herrscher dadurch allen anderen Menschen, wie edel und gütig er war.

In der Welt der Runen steht Fehu für ein Geschenk, für das man eine Gegenleistung haben möchte – entweder einen Dienst oder ein anderes Geschenk. Gebo dagegen ist ein Geschenk, das keine Gegenleistung erwartet: »Ich gebe dir etwas, weil ich es kann.« Gebo steht für die Freude am Geben.

Diese Rune bringt aber auch eine Verpflichtung mit sich – die Verpflichtung, zu geben, und die Verpflichtung, etwas anzunehmen und zu empfangen. Und Gebo erfordert auch Vertrauen: Wenn man einem »Untergebenen« aus einer Position der Macht heraus ein Geschenk macht, muss man darauf vertrauen, dass er dieses Geschenk nicht gegen einen verwenden wird. In der Wikingerzeit schenkte der »Ringgeber« oder Herrscher nicht nur Schmuck, sondern auch Schwerter, Lanzen, andere Waffen und Rüstungen. Oft wurden diese Gaben zum angestammten Besitz des Beschenkten. Wenn man einem zum Töten ausgebildeten Menschen ein Schwert oder einen Speer schenkt, bedeutet dies, dass man Vertrauen zu ihm hat und daran glaubt, dass er einen nicht umbringen wird. Vertrauen und Respekt sind ein wichtiges Element von Gebo.

Gebo in der heutigen Zeit

Im modernen Leben steht Gebo für die opulenten Geschenke, die man sich in den christlichen Ländern um die Zeit der Wintersonnenwende macht. Der Akt des Schenkens, der in der dunkelsten Jahreszeit für Freude sorgt, ist die Quintessenz der Gebo-Energie.

Gebo repräsentiert aber auch die Unterzeichnung eines Vertrags und das stillschweigende Vertrauen, das aus dem Abschluss einer für beide Seiten vorteilhaften Vereinbarung entsteht. Ohne Vertrauen gibt es kein Gebo.

Wenn wir Energie, Konzentration und Vertrauen in ein Projekt investieren, bewirken wir damit etwas. In Filmen zum Beispiel strengt der Held oder die Heldin sich sehr an, um eine gewünschte Fähigkeit zu erwerben. Durch diese Investition von Kraft und Konzentration entsteht die Gebo-Energie, dank der man das bekommt, wofür man gearbeitet hat; und genauso ist es auch im wirklichen Leben.

Gebo ist also der große Manifestierer. Wenn du dich in eine Position versetzt, die es dir erlaubt, Geschenke zu empfangen, wird Gebo dafür sorgen, dass du diese Gaben auch erhältst.

Eine Beziehung zu Gebo aufbauen

Dafür gibt es viele Möglichkeiten:

- Beschenke deine Mitmenschen, weil du es kannst. Aber verschenke nicht einfach irgendwelchen Plunder, sondern Dinge, die dem Empfänger wirklich etwas bedeuten. Dadurch baust du die Energie des Ringgebers in deinem Inneren auf.
- Setz Gebo auf ein Dokument, eine Präsentation, ein Flussdiagramm oder ein Moodboard, um die Erfüllung deiner Wünsche zu manifestieren.
- Zeichne Gebo auf Karten, Etiketten von Paketen oder Nachrichten an geliebte Menschen – aber das tun wir ja sowieso schon, oder nicht? Zum Beispiel, indem wir Grüße und Küsse unter eine Postkarte oder einen Brief setzen.
- Es ist eine wunderbare Idee, Gebo in Webdesigns oder Visitenkarten einzubauen, damit die Leute dir vertrauen. Denn diese Rune steht für Vertrauen und dafür, dass eure Beziehung beiden Seiten etwas bringt.

Wenn Gebo auftaucht

- Warum würdest du jemandem ein Geschenk machen oder eines erhalten?
- Woher würde das Geschenk kommen?
- Welches Geschenk würde deinen Ruf verbessern?
- Wer würde am meisten von dem Geschenk profitieren?
- Wann würde das Geschenk am meisten geschätzt werden?

In einem Reading deutet Gebo darauf hin, dass es eine Möglichkeit gibt, Vertrauen und gute Beziehungen aufzubauen. Aber achte dabei auf den Kontext, denn Gebo hat auch eine

Kehrseite: nämlich Eifersucht oder Bedürftigkeit. In einem Runenorakel kann Gebo entweder zu viel oder zu wenig Vertrauen bedeuten.

Im Grunde ist Gebo die Energie des Austauschs von – nun ja, Energie. Wenn wir uns überlegen, wo Energie verschenkt oder genutzt werden kann, um diesen Energieaustausch zu fördern, können wir uns unsere Frage leichter beantworten. Denke daran, dass alles Energie ist. Das hat schon Albert Einstein gesagt.

Wenn du eine Abenteuerreise unternimmst und unterwegs auf Gebo stößt, solltest du dir überlegen, was du anderen Menschen von dieser Erfahrung abgeben könntest. Vielleicht kannst du deinen Freunden die Zeit vertreiben, indem du ihnen erzählst, was du auf deiner Reise erlebt hast? Oder das Gelernte mit anderen Menschen teilen? Ein Kunstwerk schaffen, das die Seele berührt? Oder könntest du eine Freundin oder Nachbarin mitnehmen, die normalerweise nicht oft aus ihren vier Wänden herauskommt, damit sie das Gleiche zu sehen bekommt wie du? Suche nach einer Gelegenheit, Vertrauen in deinem Leben zu fördern.

Gebo-Meditation

Da Gebo die Rune des Gebens ist, empfehle ich dir an dieser Stelle eine Meditation, bei der du aktiv wirst. Sie ist ganz einfach: Wenn du unterwegs bist, überlege dir, welche Geschenke du anderen Menschen machen kannst.
Hier ein paar Beispiele:

- *Eine Postkarte:* Mit einem solchen Gruß - handgeschrieben und mit Briefmarke versehen - lässt du jemanden wissen, dass du an ihn denkst. Damit tust du etwas für dein gutes Ansehen; außerdem bedeutet eine solche Karte deinen Mitmenschen etwas.
- *Kaffee/Tee:* Jemandem an einem kalten Tag ein warmes Getränk zu spendieren, kann die Welt verändern.
- *Zeit:* Zeit ist ein sehr wertvolles Gut. Wenn du deine Zeit für eine Sache opferst, investierst du damit nicht nur deine Arbeitskraft, sondern auch den Gegenwert dessen, was deine Arbeitszeit kosten würde. Also suche nach einem Tätigkeitsfeld, auf dem du dich ehrenamtlich engagieren kannst - nicht als Buße, sondern als Geschenk.

Schenken vermehrt deine Energie - vor allem innerhalb der Gruppen, denen du damit hilfst. Nutze diese Energie, um deine Kreativität anzuregen.

Affirmation

»Ich bin es wert,
etwas zu empfangen.«

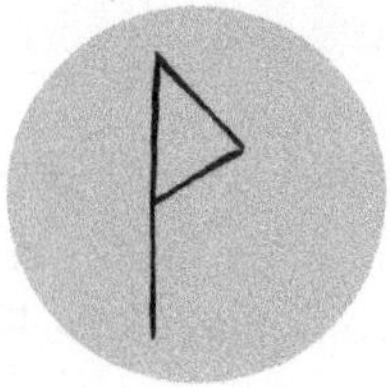

WUNJO

WUN-YO

Laut
Das »w« wie in »gewinnen«, »Wonne«, »Wasser« oder »Wunsch«.

Inspiration
Ich habe alles, was ich brauche.

Geschenk
Zufriedenheit und Sicherheit.

Herausforderungen
Sehnsucht, Angst.

Altes Runengedicht

> *Wenne bruceþ, ðe can weana lyt sares*
> *and sorge and him sylfa hæfþ blæd*
> *and blysse and eac byrga geniht.*

Für denjenigen, der wenig von Leid, Kummer und Sorgen weiß, endet die Freude nie.
Er ist glücklich, hat Erfolg, und in seinem Haus herrscht niemals Mangel.

In unserer heutigen Gesellschaft leben viele Menschen in einem Luxus, der vor 1000 Jahren selbst für Könige und Kaiser noch unvorstellbar war. Damals war das Leben hart – keine Heizung, kein fließendes Wasser, keine Supermärkte. Lebensmittel mussten für den Winter gesammelt und haltbar gemacht werden, um das Überleben der Gemeinschaft zu sichern.

Wunjo bedeutet, alles zu haben, was gebraucht wird, damit wir und unsere Familie in Sicherheit sind. Unser Bauch ist voll, wir sind warm eingepackt, und die Menschen, die wir lieben, sind an unserer Seite. Das war das Ziel der Menschen, die im Mittelalter lebten: es bequem zu haben. Und das ist die Energie von Wunjo: zufrieden mit dem zu sein, was wir haben; zu wissen, dass es ausreicht, um uns durchzubringen; zu wissen, dass wir die Fähigkeiten und Ressourcen besitzen, die wir brauchen, um den Sturm zu überstehen. Diese Rune steht für die warme, kuschelige Glückseligkeit darüber, dass alles so ist, wie es sein soll.

Wunjo hat aber auch eine Kehrseite: die Sehnsucht nach Sicherheit, die uns überkommt, wenn alles schiefgegangen ist – ein Gefühl des Schmerzes und Verlusts.

Wunjo in der heutigen Zeit

Wunjo steht für sämtliche Erfahrungen und Gefühle, die wir

mit Zufriedenheit verbinden. Wenn wir eine Fähigkeit erlernen, die uns das Leben erleichtert: Wunjo. Wenn wir den Bauch unseres jungen Hundes streicheln: Wunjo.

In unserer heutigen Welt erleben wir Wunjo, wenn wir am Tag nach der Gehaltszahlung auf dem Sofa sitzen, unser Lieblingsessen vor uns steht und wir unsere Lieblingssendung im Fernsehen schauen. Alles läuft so, wie es sollte; wir haben es warm, sind sicher und fühlen uns geborgen.

Der zufriedene Hund auf seiner Decke ist die Energie von Wunjo, ebenso wie die Katze, die auf dem Heizkörper schläft, und das dänische Lebensgefühl *Hygge.* Wenn du schon mal an einem verregneten Sonntag drinnen ein Buch gelesen oder an einem verschneiten Tag eine Tasse heißen Kakao getrunken hast, dann hast du Wunjo erlebt.

In unserem heutigen Leben bedeutet Wunjo, die einfachen Freuden des Lebens zu genießen – was auch immer das für uns bedeutet.

Eine Beziehung zu Wunjo aufbauen

Bei dieser Rune dreht sich alles um Bequemlichkeit:

- *Richte dir ein Wunjo-Nest ein:* So kannst du eine sinnvolle Beziehung zu Wunjo aufbauen. In dieses Nest kommen all deine Lieblingssachen: von deinem Lieblingsduft über weiche, kuschelige Einrichtungsgegenstände bis hin zu deinem Lieblingsessen und -getränk und der Katze (falls du sie dazu überreden kannst). Mach dieses Wunjo-Nest zu deiner ganz persönlichen Insel der Glückseligkeit. Du kannst aber auch andere Menschen dorthin einladen, wenn du möchtest.
- *Mach es dir gemütlich:* Zum Beispiel, indem du Wunjo auf das Etikett deines Lieblingspyjamas klebst. Diese Energie

wird die Wohlfühlschwingungen des Universums zu deinem Schlafanzug hinziehen.

- *Sorge auch unterwegs für den nötigen Komfort:* Wenn du beim Zelten die Wunjo-Rune an der Innenseite deines Schlafsacks anbringst, schenkt dir das die Energie der Zufriedenheit: Dann wirst du es in deinem Zelt richtig gemütlich haben. Solche Unterkünfte sind eine hervorragende Einsatzmöglichkeit für Wunjo, denn Camping kann ungemütlich sein, vor allem, wenn man nicht daran gewöhnt ist.
- In diesem Sinn eignet Wunjo sich auch hervorragend für Reisen. Wenn du in einem Omnibus sitzt und dich nach diesem warmen, kuscheligen Wunjo-Gefühl sehnst, dann greife nicht nach einer kleinen Flasche Gin, sondern male Wunjo auf deine Schlafmaske oder deine Socken, bevor du in den Bus steigst.

Wenn Wunjo auftaucht

- Wann bist du am zufriedensten?
- Was musst du tun, um dich sicher und geborgen zu fühlen?
- Wer kann dir zu einem Gefühl der Zufriedenheit verhelfen?
- Warum fehlt es dir an Zufriedenheit?
- Wofür möchtest du die Wunjo-Energie einsetzen?

In einem Reading deutet Wunjo darauf hin, dass die Antwort auf deine Frage etwas mit Komfort oder Entspannung zu tun hat. Das könnte sich zum Beispiel auf die Art und Weise beziehen, wie das Problem gelöst wird, oder auch darauf, was passieren wird, wenn du die Antwort auf deine Frage erhalten hast.

Von seiner negativen Seite zeigt Wunjo sich, wenn das Reading darauf hindeutet, dass es in der Weltsicht des Fragestellers eine schmerzliche Sehnsucht oder einen Wunsch nach Bequemlichkeit oder Komfort gibt.

Wenn Wunjo dir zufällig in der freien Natur begegnet, solltest du dich fragen, inwiefern du mehr Gemütlichkeit und Entspannung in dein Leben hineinbringen könntest. Oder wo du eine schmerzhafte Sehnsucht verspürst. Wenn du so etwas vermutest, dann versuche, dieser Sehnsucht nachzugehen, denn unerfülltes Wunjo kann Probleme verursachen.

Wunjo-Meditation

- Stell deinen Timer auf drei Minuten und zeichne oder schreibe die Rune Wunjo in dein Tagebuch.
- Setz dich mit geradem Rücken bequem hin und hebe deine Hände auf Schulterhöhe. Die Ellbogen sind dabei seitlich angewinkelt, und die Handflächen zeigen zueinander hin. Strecke deinen Zeigefinger nach oben; die anderen Finger (auch der Daumen) sollten nach unten zeigen.
- Schließe die Augen und sieh die Rune Wunjo vor deinem geistigen Auge.
- Forme mit dem Mund ein »O« und atme durch diese runde Öffnung ein und aus.
- Nach diesen drei Minuten schreibst du alles in dein Tagebuch, was dir bei dieser Meditation eingefallen ist.

Affirmation

»Ich bin das Einzige, was ich brauche.«

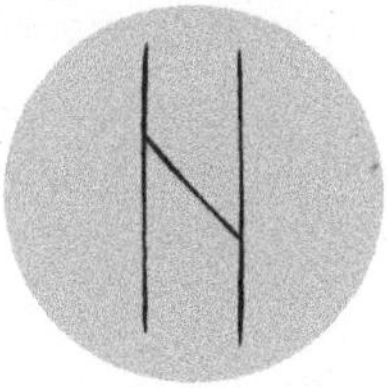

HAGALAZ

HA-GA-LAZ

Laut
Das »h« wie in »Hagel«, »Haus« oder »Hubschrauber«.

Inspiration
Es kommt eine Veränderung auf dich zu. Reite durch sie hindurch.

Geschenk
Auch das geht vorbei.

Herausforderungen
Alles Bekannte und Vertraute wird zerstört.

Altes Runengedicht

> *Hægl byþ hwitust corna; hwyrft hit of heofones lyfte,*
> *wealcaþ hit windes scura; weorþeþ hit to wætere syððan.*

Hagel ist das weißeste Korn, es wirbelt von den Höhen des Himmels herab,
wird im Windschauer hin und her geworfen und schmilzt dann zu Wasser.

Hagel ist eine Plage. Das kann dir jeder Bauer bestätigen. Er macht die Felder platt und die Ernte unbrauchbar. Für die Bauern der Wikingerzeit, die keine modernen landwirtschaftlichen Maschinen besaßen, war Hagel nicht einfach nur lästig, sondern eine Katastrophe für Ernte und Viehbestand. In Norwegen und Island kommt der Hagel direkt vom Atlantik und kann durch nichts gebremst oder in seiner Kraft gemindert werden. In Skandinavien können Hagelkörner riesig (ungefähr so groß wie Tennisbälle) werden oder mit der Gewalt eines Hammerschlags niederstürzen; wenn man großes Pech hat, trifft sogar beides zu. Und dann schmilzt der Hagel weg und hinterlässt Zerstörung, aber keine Spuren.

Genau das ist es, was die Hagalaz-Energie anzieht: zerstörerische Veränderungen. Das klingt negativ, doch Hagalaz will uns sagen, dass eine drastische Veränderung auch Anpassung und neues Wachstum mit sich bringen kann – vor allem, damit wir nicht wieder aufs Neue verletzt werden.

Wie wir uns von dieser Veränderung erholen und daran wachsen, hängt von unserer Reaktion darauf ab. Das kann ein Fall von »Anpassung oder Tod« sein. Frage einmal die Dinosaurier, was mit ihnen passiert ist! In Zeiten von Not und Schwierigkeiten macht die medizinische Wissenschaft besonders schnelle Fortschritte. Auch eine Gesellschaft entwickelt sich weiter, wenn sie bedroht wird.

Genauso war es auch bei den altnordischen Völkern: Als sich ihre Lebensbedingungen veränderten, mussten sie von Fischern zu Räubern werden, um ihre Familien zu ernähren. Und als sie mit anderen Völkern in Kontakt kamen, veränderte sich ihre kulturelle Identität. Schließlich übernahmen sie die sozialen Gepflogenheiten ihrer Nachbarn und wurden Christen. Durch Veränderungen und Auseinandersetzungen entwickelten sie sich weiter. Das ist die Energie von Hagalaz.

Hagalaz in der heutigen Zeit

In unserem heutigen Leben ist Hagalaz die Energie des drastischen Wandels durch äußere Einflüsse – die alles auf den Kopf stellende Veränderung, die dich in eine andere Stadt, an einen anderen Arbeitsplatz und in ein anderes Leben hineinwirft. Andererseits steht diese Rune aber auch für die Energie, erwachsen genug zu sein, um weiterzuleben, statt das, was früher einmal war, zurückhaben zu wollen. Jetzt ist eine neue Realität eingetreten, und als reifer Mensch muss man sich daran anpassen und damit umgehen.

Hagalaz lässt nicht viel übrig, zu dem man zurückkehren kann; daher hat man oft keine andere Wahl, als etwas Neues aufzubauen. Die Herausforderung besteht nicht darin, die Zerstörung zu überleben, sondern sich auf die neue Welt danach einzustellen.

Im Privatleben bedeutet Hagalaz, dass Beziehungen sich verändern. Ob es sich dabei um eine Liebesbeziehung oder um wirtschaftliche oder geschäftliche Verbindungen handelt – wenn uns dieser vertraute Boden unter den Füßen weggezogen wird, erkennen wir, wie stark und anpassungsfähig wir sind. Das ist meistens nicht sehr angenehm. Ich kenne niemanden, dessen Leben sich durch eine Schar gelber Labradorwelpen, die ihm das Gesicht ableckten, so verändert hat, dass er dadurch zum Multimillionär geworden ist!

In medizinischer Hinsicht steht die Hagalaz-Energie für eine Sepsis oder eine andere Infektion, die sich über den ganzen Körper ausbreitet. Auch das ist nicht angenehm.

Hagalaz ist aber keine böse oder rachsüchtige Energie – sie ist einfach nur da. Es verändert sich etwas. Wie wir darauf reagieren, ist ein Zeichen unserer Kraft. Hagalaz steht auch für die Fähigkeit, Resilienz zu entwickeln. Wenn der schwere Hagel zum ersten Mal fällt, bekommen wir davon blaue Flecken. Beim zweiten Mal gehen wir rechtzeitig in Deckung. Und beim dritten Mal bringen wir anderen Menschen bei, sich ebenfalls in Sicherheit zu bringen. Das ist Hagalaz.

Eine Beziehung zu Hagalaz aufbauen

Hagalaz ist etwas, womit man normalerweise nichts zu tun haben will. Wer mag es schon, wenn sich alles um ihn herum verändert? Und dann auch noch auf so katastrophale Weise. Der Teil der Hagalaz-Energie, auf den wir uns konzentrieren sollten, ist die Gewissheit: »Auch das geht vorbei.« Der Hagel dauert nicht ewig.

Folgendes kannst du tun, um resilienter und anpassungsfähiger zu werden:

- *Denke daran, dass Hagalaz nichts Böses oder Boshaftes ist.* Diese Energie hat kein Bewusstsein, mit der sie böse sein könnte. Sie ist einfach nur Veränderung.
- *Sei vorbereitet.* Das ist die wichtigste Lektion, die Hagalaz dir vermitteln möchte. Nichts ist in Stein gemeißelt; alles kann sich ändern.

- *Schau über den Tellerrand der Gegenwart hinaus.* Halte dir vor Augen, dass alles irgendwann vorbeigeht. Das gilt auch für all die kleinen Hagalaz-Erfahrungen, die wir im Lauf des Tages machen: den verschütteten Kaffee, den Katzenkot auf den Hausschuhen, den Wutanfall des Kleinkindes im Supermarkt. Durch all diese Probleme verändert sich die Situation um dich herum. Doch sie gehen auch wieder vorbei; wir müssen sie überwinden, und wenn wir Glück haben, lernen wir etwas daraus.

Wenn Hagalaz auftaucht

- Es kommt eine plötzliche Veränderung auf dich zu.
- Mach dich auf eine neue Erfahrung gefasst.
- Sei bereit, dich auf eine neue Situation einzustellen und etwas daraus zu lernen.
- Denke daran, dass Herausforderungen inneres Wachstum bringen.

In einem Reading hat Hagalaz eine ähnliche Bedeutung wie die Turmkarte im Tarot. Diese Rune bedeutet Veränderung – schnelle, aggressive und totale Veränderung. Dieser Veränderung haftet jedoch nichts Boshaftes an. Achte auf die in deiner Fragestellung versteckten Hinweise, die dir vielleicht zeigen können, wo diese Veränderung stattfindet.

Allerdings bedeutet Hagalaz gleichzeitig auch, dass es ein *Potenzial* für eine Veränderung gibt. Und diese Veränderung wird nicht sanft oder reibungslos ablaufen. Andere Runen bringen die Energie eines behutsamen Wandels mit sich; doch die Hagalaz-Energie ist eine katastrophale, lautstarke, unbequeme Veränderung, die nichts unberührt lässt – so ähnlich wie eine Schlammlawine, die am Osterwochenende eine Eisenbahnstrecke blockiert: Dadurch verändert sich alles, die Fahrpläne geraten durcheinander, und wir müssen lernen, auf andere Weise an unser Ziel zu kommen.

Wenn Hagalaz sich in deinem täglichen Leben bemerkbar macht, musst du dich auf eine Veränderung einstellen. Vielleicht in praktischer Hinsicht, indem du überprüfst, ob deine Notfallausrüstung oder dein Fluchtrucksack am richtigen Platz steht. Oder vielleicht solltest du darauf achten, ob dein Lebenslauf noch auf dem neuesten Stand ist oder ob du über die nötigen Ressourcen für eine plötzliche Lebensveränderung verfügst. Vielleicht musst du dich aber auch einfach nur darauf vorbereiten, dass dein Kleinkind gleich einen Wutanfall bekommt.

Hagalaz-Meditation

Diese Meditation hilft dir, dich von Hagalaz-Energie zu befreien, die sich vielleicht in deinen Energiebahnen verfangen hat.
Du brauchst dazu einen Timer, ein Tagebuch, einen Stift und ein gemütliches Plätzchen, wo du dich hinsetzen oder hinlegen kannst. Ich mache diese Meditation immer im Liegen. Wenn du dich an irgendeiner Stelle der Meditation unwohl fühlst, solltest du sofort damit aufhören. Zu wissen, wann man aufhören muss, ist genauso wichtig wie das Loslassen.

- Stell deinen Timer auf drei Minuten.
- Atme tief ein und strecke den Bauch dabei so weit wie möglich heraus. Dann atme aus und ziehe zuerst den Bauch und dann den Brustkorb so weit wie möglich ein. Wiederhole das unge-

fähr 20- bis 30-mal sehr schnell hintereinander. Falls du es zwischendurch ein paarmal falsch machen solltest - kein Problem!

- Sobald du diese Übung lange genug ausgeführt hast (ein Kribbeln in Zehen und Fingern ist ein gutes Signal dafür), atme kräftig aus und halte den Atem an, solange es geht.
- Während du still daliegst, vergegenwärtige dir in Gedanken die Rune Hagalaz.
- Wenn der Drang zum Atmen zu groß wird, atme ein, halte den Atem zehn Sekunden lang an und atme dann wieder aus.
- Du kannst das nur ein einziges Mal oder auch bis zu fünfmal hintereinander praktizieren.
- Schreibe alles auf, was dir bei dieser Meditation in den Sinn gekommen ist.

Affirmation

*»Ich bin in der Lage,
mich zu verändern und
an die Situation anzupassen.«*

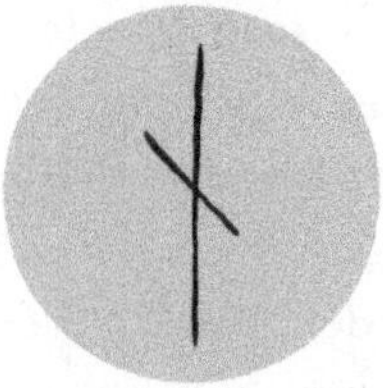

NAUTHIZ

NAOU-TH-IZ

Laut
Das »n« wie in »Not«, »niemand« oder »Nase«.

Inspiration
Der Wille zu überleben.

Geschenk
Hartnäckigkeit.

Herausforderungen
Das vernichtende Gefühl einer Niederlage.

Altes Runengedicht

> *Nyd byþ nearu on breostan;*
> *weorþeþ hi þeah oft niþa bearnum to helpe and to hæle gehwæþre,*
> *gif hi sein hlystaþ æror.*

Not ist ein Druck auf der Brust und für den Diener oft ein Überlebenskampf.
Sie wird zu Hilfe und Heilung für die Kinder, wenn sie früh genug zuhören.

Wörtlich übersetzt bedeutet *Nauthiz* »Bedürfnis«, und zwar im ursprünglichsten Sinn des Wortes. Der Mensch hat drei Grundbedürfnisse: Luft, Wasser und Nahrung. Wenn diese Bedürfnisse erfüllt werden, sind wir sicher – und zwar genau drei Minuten lang, bevor wir wieder atmen müssen, drei Tage lang, bevor wir wieder etwas trinken müssen, und drei Wochen lang, bevor wir wieder etwas essen müssen. Doch das sind Extremfälle: Normalerweise atmen wir ungefähr 16-mal pro Minute, trinken ein paar Liter Wasser pro Tag und essen auch mehrmals täglich. Das hält unseren Körper davon ab, in den Überlebensmodus einzutreten.

Die altnordischen Völker kannten die Not; sie mussten in Frost und Kälte ums Überleben kämpfen und sich damit abmühen, einen Boden zu bestellen, der nicht sehr fruchtbar war. Diese Not trieb die Wikinger in ihre Langschiffe, um neue Länder zu erkunden.

Nauthiz ist genau dieses Bedürfnis, zu überleben – das eigene Überleben und das Überleben deiner Abstammungslinie zu sichern. Dabei geht es nicht um Wohlstand, sondern darum, auszuhalten und weiterzuleben.

Nauthiz existiert sowohl auf individueller als auch auf kollektiver Ebene. Ein Dorf kann nur dann überleben, wenn alle zusammenarbeiten, um – im wahrsten Sinne des Wortes – die Wölfe von der Tür fernzuhalten. Auf individueller Ebene bedeutet Nauthiz, das zu tun, was für uns persönlich richtig ist. Doch der individuelle und der kollektive Aspekt schlossen einander in früheren Zeiten nur selten aus.

Nauthiz in der heutigen Zeit

Heute geht es beim Überleben um mehr als »nur« darum, nicht zu erfrieren oder für ausreichend Nahrung zu sorgen. Unsere heutigen Bedrohungen sind nicht so elementar wie ein Wolf, der uns fressen will, oder extreme Wetterbedingungen, die unsere Ernte vernichten, sondern eher existenzieller Natur, zum Beispiel: »Verliere ich meinen Job?«, »Wovon soll ich meine Rechnungen bezahlen?« oder »Was sagt Stefan aus der Buchhaltung über mich?«.

Heute gibt uns die Gesellschaft andere Bedürfnisse vor, die über das bloße Verlangen nach Luft, Wasser und Nahrung hinausgehen – zum Beispiel soziale Akzeptanz, Integration und Erfolg. Aber letzten Endes ist das energetische Muster, das vom Wolf oder vom Hagel ausgeht, das Gleiche wie die Energie »Kann ich es mir leisten, Lebensmittel zu kaufen?«

Egal, worin die Bedrohung besteht – Nauthiz ist das elementare Grundbedürfnis, am Leben zu bleiben. Die Energie dieser Rune fragt uns: »Was brauche ich zurzeit, um zu überleben?«

Eine Beziehung zu Nauthiz aufbauen

Weißt du, wie sich der erste Atemzug anfühlt, nachdem du fast am Ersticken warst? Dieses Gefühl der Freiheit, wenn man sich gerade aus einer schwierigen Beziehung befreit hat? Oder das Gefühl, das dich überkommt, wenn du keine Angst haben musst, etwas Falsches zu sagen oder zu tun, und einfach du selbst sein kannst?

Nauthiz ist der Impuls, der uns über die Stagnation der Angst hinaus in die Freiheit drängt. Wenn wir aus diesem Raum der Angst hinaustreten und etwas Sinnvolles tun, ist das Nauthiz.

Nauthiz bedeutet aber auch, dass wir uns zu einer Kugel zusammenrollen und schluchzen, weil wir so große Angst haben. »Wähle deine Angst«, sagt Nauthiz. »Entscheide dich für Aktivität oder Untätigkeit.«

Wenn wir uns *nicht* entscheiden, ist das immer Untätigkeit – und die beraubt uns unserer Macht. Nauthiz zeigt uns den Weg in die Freiheit; wir müssen nur wählen, ob wir ihn gehen wollen oder nicht. So können wir eine Beziehung zu der Energie dieser Rune aufbauen.

Denke daran, dass es bei Nauthiz nicht um die Vermeidung von Schmerz oder Unannehmlichkeiten geht, sondern um die Erfüllung von Bedürfnissen.

Wenn Nauthiz auftaucht

- In welchem Bereich werden deine Bedürfnisse zurzeit nicht erfüllt?
- Was brauchst du, um weiterzukommen?
- Wo gibt es einen grundlegenden Mangel?
- Was für ein allgemeines Gefühl hast du im Hinblick auf deine Situation? Woran fehlt es?

Wenn Nauthiz in einem Reading auftaucht, solltest du dir überlegen, inwiefern deine Fragestellung auf ein unerfülltes Bedürfnis hindeutet. Nauthiz wird dir zeigen, was getan werden muss, um dieses Problem zu lösen. Dabei geht es stets um Handlungsbedarf – sei es auf physischer, emotionaler oder spiritueller Ebene. Doch selbst wenn du *nichts* tust, sollte dem eine bewusste Entscheidung zugrunde liegen und keine bloße Passivität.

Nauthiz steht aber auch für Selbstausdruck und die Fähigkeit zur Selbstverwirklichung. Wenn diese Rune auftaucht, solltest du also darauf achten, in welcher Hinsicht du (als Fragesteller) dir selbst und deinen Zielen zurzeit nicht treu bist.

Wenn dir Nauthiz unterwegs auf einer Abenteuerreise begegnet, solltest du dir darüber im Klaren sein, dass du vielleicht etwas für die Erfüllung deiner Grundbedürfnisse tun musst. Vielleicht solltest du überprüfen, ob du eine Winter- oder Sommerausrüstung im Auto hast. Dich vergewissern, ob du Wasser und einen kleinen Imbiss in der Tasche dabeihast, wenn du den ganzen Tag unterwegs bist. Oder nachschauen, ob du für die Umgebung, in der du dich gerade bewegst, die richtige Kleidung gewählt hast.

Wenn dir Nauthiz zufällig in deinem täglichen Leben begegnet, solltest du dir überlegen, inwiefern deine Grundbedürfnisse zurzeit nicht erfüllt werden.

Nauthiz-Meditation

Diese Meditation ist eine Herausforderung, der ich mich jeden Tag aufs Neue stelle. Ich schreibe zwar kein Tagebuch, weiß aber, worauf es dabei ankommt. Du kannst bei dieser Meditation jedoch gerne auch ein Tagebuch führen, wenn du möchtest.

- Nimm morgens zuallererst eine schöne warme Dusche. Rubble dich so lange mit Wasser und Seife ab, bis du blitzsauber bist, und schalte dann die Heizung aus.
- Als Nächstes stellst du dich unter die kalte Dusche - zuerst nur 15 Sekunden lang; im Lauf der nächsten Monate kannst du diese Zeit bis auf ein paar Minuten steigern.
- Spürst du diesen Windhauch, der dich anweht, wenn das kalte Wasser auf deine Brust oder deine Schultern trifft? Das ist Nauthiz. Je stärker der Schock für deinen Organismus ist, umso mehr kannst du deine Fähigkeit verbessern, wachsam und tolerant zu sein und gut durchdachte Ergebnisse zu erzielen, statt einfach nur deine Grundbedürfnisse zu befriedigen, wie unsere primitiven Vorfahren es getan haben.

Affirmation

»Ich schaffe das.«

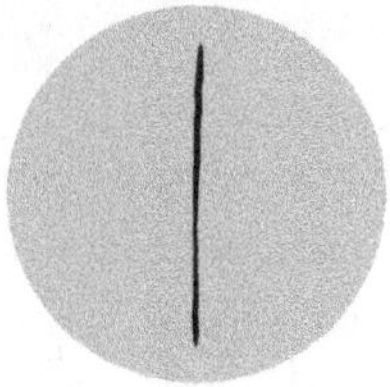

ISAZ

IIIS-AZ

Laut
Das lange »ai« wie in »Eis« und das kurze »ih« wie in »Iglu« oder »holistisch«.

Inspiration
Rasche Bewegung.

Geschenk
Schau unter die Oberfläche, um den Schatz zu finden.

Herausforderungen
Unsicherer Boden kann dich in einen Schockzustand versetzen.

Altes Runengedicht

Isa byþ ofer cealdunge metum slidor
glisnaþ glæshluttur gimmum gelicust
flor forste geworuht fæger ansyne

Eis ist furchtbar kalt und glatt.
Es glänzt wie durchsichtiges Glas, so wie Juwelen.
Das von der Kälte geformte Land ist ein schöner Anblick.

Isaz ist die Rune von Eis und Frost – sie steht für alles Gefrorene. In Skandinavien stellte Eis in grauer Vorzeit ein echtes Problem dar. Wenn die Sonne nicht scheint und sich Schnee und Eis auftürmen, kann einen das buchstäblich das Leben kosten.

In der Rune Isaz schwingt sowohl die Schönheit der von glänzendem Eis überzogenen Landschaft als auch die Bedrohung mit, die von ihr ausgeht. Flüsse mit einer Eisdecke bieten eine einfache Möglichkeit, sich durch schneebedecktes Land zu bewegen, sodass man im Winter schneller reisen kann als im Sommer. Das ist ein Teil der Isaz-Energie – die Fähigkeit, sich blitzschnell auf dem Eis zu bewegen. Aber es ist auch nicht ganz ungefährlich: Was passiert, wenn die Eisdecke nicht dick genug ist und man einbricht? Dann verwandelt sich die glitzernde Fahrbahn in ein eisiges Grab …

Außerdem ermöglicht Isaz uns das Eisfischen; doch auch das ist nicht ohne Risiko. Der Angler findet Fische, die für ihn sonst unerreichbar wären, indem er ein großes Loch ins Eis schlägt – aber was passiert, wenn das Eis bricht?

Das Runengedicht spricht von der Schönheit des Eises und beschreibt, dass es glitzert wie Juwelen. Diese Edelsteine schmelzen dahin, sobald die Sonne scheint; also bringt Isaz uns die Energie einer vorübergehenden Schönheit, die ebenso geheimnisvoll wie flüchtig ist. Eis kommt und geht – ein ständiges Auf und Ab.

Doch es hat Kraft. Die Gletscher, aus denen die Fjorde Skandinaviens und der Antarktis entstanden sind, waren aus Eis. Eis besitzt die Kraft, Berge abzutragen. Diese Kraft wohnt auch Isaz inne: Wenn man sie nicht in den Griff bekommt, kann sie ihre Umgebung mit der Zeit drastisch verändern.

Isaz ist eine der wichtigsten Energien der altnordischen Überlieferung: Diese Rune veranschaulicht die Vorstellung, dass die Welt rau, kalt und feindselig ist, sich aber verändern kann. In jeder Rune ist Isaz enthalten; somit steckt auch in allen Runen die Isaz-Energie. Die Rune selbst besteht nur aus einer senkrechten Linie – und auch alle anderen Runen beinhalten gerade Linien.

Isaz in der heutigen Zeit

Auch heute hat Isaz immer noch eine sehr ähnliche Energie wie früher. Das Eis hat sich nicht verändert. In Großbritannien steht bei Glatteis das ganze Land still. In Texas ist es genauso. Schon allein durch seine bloße Existenz bringt Isaz das Leben der Menschen durcheinander. Diese Energie zwingt uns dazu, uns anzupassen.

Doch die Tatsache, dass die Energie dieser Rune jedes Wachstum stoppt, eröffnet auch Chancen. Das Gefrierfach unseres Kühlschranks ist ein gutes Beispiel dafür: Es kann Lebensmittel vor dem Verderben bewahren, indem es jegliches

Wachstum unterbindet, sodass wir mitten im kältesten Winter einen Mango-Smoothie genießen können.

Isaz ermöglicht uns auch eine reibungslose Bewegung über unwegsames Gelände – hast du schon mal die Serie *Ice Road Truckers* gesehen? –, doch diese rasche Fortbewegung ist nicht ganz ungefährlich. Auf diese Weise können wir uns zwar blitzschnell über Wege fortbewegen, die uns normalerweise versperrt blieben; aber wir gehen dabei das Risiko ein, in tiefe, finstere Schluchten zu stürzen.

Und die glitzernde Helligkeit des Eises kann uns auch blenden, ablenken und verwirren. Schneeblindheit ist ein echtes Problem – deshalb entwickelten die alten Samen und Inuit bereits spezielle Brillen aus Walknochen, lange bevor es unsere heutigen Brillen gab.

Isaz lässt alles gefrieren. Wenn wir vor Kälte erstarren, fällt alles von uns ab, was nicht mehr wichtig ist, und nur das Wahre bleibt übrig. Das ist eine psychologische Eigenheit von uns Säugetieren: Wir erstarren förmlich, wenn wir uns überfordert oder überwältigt fühlen. Auf diese Weise können wir alles Unnötige von uns abfallen lassen und einfach mit dem mitfließen, was ist.

Eine Beziehung zu Isaz aufbauen

Eine solche Beziehung ist in zerbrechliche Glasscherben gehüllt, die glitzern und dann an der Sonne dahinschmelzen. Um diese Beziehung aufzubauen, kannst du Folgendes tun:

- *Strebe nach Schnelligkeit, Glanz und Glamour:* Achte darauf, wo du dein Selbstgefühl einsetzen kannst, um rasche Bewegungen oder glitzernden, flüchtigen Glanz zu fördern.
- *Reduziere Reibung:* Du kannst die Energie von Isaz aber

auch nutzen, um sanft und mühelos über Dinge hinwegzugleiten, die sonst vielleicht rau und schroff sein könnten. Das heißt nicht, dass du dich nicht mit dieser Schroffheit auseinandersetzen musst; aber du kannst zunächst einmal darüber hinweggehen.

- *Versuche, klar zu sehen:* Entferne mithilfe der Isaz-Energie den trügerischen Glanz der Selbsttäuschung – oder jede glitzernde Ablenkung, die nicht zu deinem wahren Ich gehört.
- *Erkenne einen anderen Weg:* Wenn du nicht dort sein möchtest, wo du gerade bist, aber nicht genau weißt, wie es weitergehen soll, kann Isaz dir einen anderen Weg zeigen. Das wird aber wahrscheinlich nur eine vorübergehende Lösung sein und viele Tücken und Gefahren bergen. Du wirst dadurch zwar das bekommen, was du brauchst – aber ist es das Risiko wert?

Wenn Isaz auftaucht

- Was verwirrt dich?
- Gibt es in deinem Leben eine glamouröse Ablenkung?
- Was ist starr und unflexibel und muss in Bewegung kommen?
- Was ist in Bewegung und muss fest und solide werden?

Isaz ist eine jener Energien, die allerorts auftauchen können; wenn du willst, kannst du sie überall sehen. Vielleicht ist es also besser, darauf zu achten, wann Dinge geschehen, die von der Isaz-Energie geprägt sind. Sobald du diese Energie entdeckt hast, kannst du auch nach der äußeren Form der Rune suchen.

Wenn dir Isaz in der freien Natur oder der Wildnis begegnet, bedeutet das, dass es in deinem Leben irgendwo »Glamour« gibt – dass jemand oder etwas eine Fassade aufgebaut hat und du dich entscheiden kannst, diese Fassade zu durchschauen oder wegschmelzen zu lassen. Das kann deine eigene oder die Fassade eines anderen Menschen sein; vielleicht ist es auch etwas, was die Leute dich glauben machen wollen.

Isaz in der freien Natur kann aber auch bedeuten, dass du deinen Weg genau überprüfen musst, bevor du weitergehst. Gibt es da vielleicht verborgene Fallstricke oder Oberflächen, unter denen Gefahren lauern?

In einem Reading bedeutet Isaz oft, dass benachbarte Energien leicht ineinanderfließen können. Damit meine ich, dass die Energien von Runen, die rechts und links von der Isaz-Rune liegen, miteinander verschmelzen können.

Zum Beispiel:

- Vergangenheit: Uruz (Stärke)
- Gegenwart: Isaz
- Zukunft: Tiwaz (Ehre)

Hier verschmelzen die Energien von Vergangenheit und Gegenwart sowie Gegenwart und Zukunft miteinander; das bedeutet, dass in der Gegenwart Stärke und Ehre benötigt werden.

Isaz kann in einem Reading aber auch bedeuten, dass es etwas gibt, was unter der Oberfläche verborgen liegt oder was man vermeiden oder umgehen sollte; also achte bei deinem zukünftigen Vorgehen auf verborgene Probleme oder Herausforderungen!

Isaz-Meditation

Diese Meditation bringt die energetischen Vorteile von Isaz in dein Leben hinein. Damit kannst du entweder etwas in Bewegung setzen oder alles in einen glitzernden Nebel hüllen.

Du brauchst dazu dein Tagebuch, einen Timer und eine bequeme Sitzgelegenheit. Ich benutze dafür ein Meditationskissen; aber auch ein Sofa oder Stuhl ist gut geeignet.

- Zeichne oder schreibe viermal hintereinander die Rune Isaz in dein Tagebuch.
- Dann mach es dir bequem (du kannst zum Beispiel den Schneidersitz einnehmen) und stell deinen Timer auf drei Minuten.
- Balle beide Hände zur Faust und führe sie zur Mitte deines Brustkorbs hin, sodass die Knöchel einander berühren. Deine Daumen zeigen nach oben in Richtung Kopf.
- Bleibe in dieser Position, schließe die Augen und atme mehrmals lange und tief durch.
- Sobald der Alarm ertönt, schreibe alles in dein Tagebuch, was dir bei dieser Meditation durch den Kopf gegangen ist.
- Du kannst das ungefähr eine Stunde lang immer wieder praktizieren und zwischendurch fünfminütige Pausen einlegen, falls sich das für dich gut anfühlt. Wenn du länger meditierst, wird die Energie so stark, dass du sie nicht mehr unter Kontrolle hast; und dann wird sie sich auf unerwartete oder unangenehme Weise in dein Leben einmischen.

Affirmation

»Ich bin mir selbst treu.«

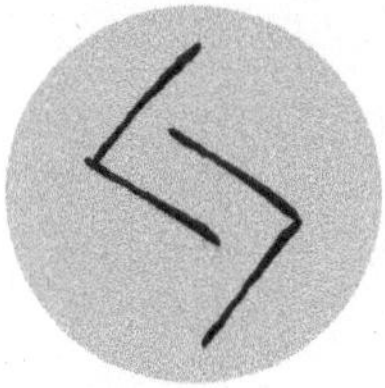

JERA

YER-RA

Laut
Das »j« wie in »Jahr«, »Juli«, »Jagd« oder »Yoga«.

Inspiration
Auf Ziele hinarbeiten.

Geschenk
Erfolg/Vollendung.

Herausforderungen
Verloren gegangener Schwung.

Altes Runengedicht

Ger byÞ gumena hiht, ðonne God læteþ,
halig heofones cyning,
hrusan syllan beorhte bleda beornum ond ðearfum

Das Jahr ist eine Wonne für die Menschen, wenn Gott,
der heilige Himmelskönig,
die Erde herrliche Früchte hervorbringen lässt, um Edelleute und Arme zu ernähren.

Jera steht für das Ende des Sommers, das Ende des Wachstums, das Ende der Wärme. Zur Zeit der Wikinger erntete man die Feldfrüchte, wenn sich das Jahr dem Herbst zuneigte (und das ist auch heute noch so). Jera ist die Energie der Ernte, der Vollendung und des Erfolgs. Früher spielte ein erfolgreicher Sommer die entscheidende Rolle dafür, dass die Menschen alles hatten, was sie im Winter zum Überleben brauchten.

Jera bedeutet also, dass wir irgendwann die Früchte unserer harten Arbeit ernten. Diese Belohnungen fallen uns nicht in den Schoß; wir müssen sie uns mühsam verdienen. Saatgut wird nicht über Nacht zur Frucht.

Außerdem müssen wir uns dafür anstrengen. Jera wird uns belohnen – aber nicht, wenn wir uns einfach nur untätig zurücklehnen und erwarten, dass die Belohnung von selber kommt.

Jera in der heutigen Zeit

In unserer Welt ist Jera der Zahltag am Ende des Monats, der Jahresurlaub, den wir so dringend brauchen, der Abgabetermin für den Aufsatz oder der Cut-off-point für ein Rennen. Diese Rune steht für das Gefühl des Abschlusses, sobald ein Programm zu Ende geht oder die Tomaten reif sind und wir sie essen können.

Wenn wir an einem Projekt arbeiten, ist Jera der letzte

Anstoß, den wir brauchen, um es zu beenden. Danach ist es das Gefühl, unsere Arbeit gut erledigt zu haben.

Interessanterweise wollen wir heutzutage immer alles möglichst schnell vorantreiben und zum Erfolg bringen. Dieser Druck, den wir ausüben, führt oft dazu, dass das Ergebnis nicht so vollkommen ist, wie es sein könnte – das sieht man zum Beispiel beim Massenanbau von Gemüse in Polytunneln. Einerseits ist das etwas Großartiges, weil es viele Menschen ernährt; doch wenn wir zu sehr darauf drängen, etwas möglichst früh zur Reife zu bringen, wird es vielleicht nicht auf optimale Weise fertig. Bei zu schnell wachsenden Tomaten führt das beispielsweise dazu, dass sie weniger Nährstoffe enthalten, kein so ausgeprägtes Aroma haben und allgemein schwächer sind. Jera bedeutet, dass man den Dingen genügend Zeit geben sollte, damit sie sich entfalten, vollenden und manifestieren können. Wenn wir die nötige Zeit und Energie investieren, werden wir dafür belohnt.

Eine Beziehung zu Jera aufbauen

Jera ist geduldig und entspannt; dabei geht alles seinen vorgezeichneten Weg. Wenn du mit Jera arbeiten willst, dann beginne etwas, arbeite daran, beende es und erhalte die Belohnung dafür. Das ist die Grundenergie von Jera.

Hier ein paar Möglichkeiten, wie du die Jera-Energie nutzen kannst:

- Lege die Rune in dein Gemüsebeet oder deinen Garten, damit alle Pflanzen zu vollem Wachstum gelangen; zum Beispiel kannst du Jera auf den Stiel eines Lutschers zeichnen oder in Blumentöpfe einritzen.

- Du kannst auch deine Erntegeräte mit dieser Rune versehen, damit die Ernte reichlicher ausfällt.
- Jera auf einem Kontoauszug oder Tafelpapier fördert ebenfalls das Wachstum, das letztendlich zu einem guten Ertrag führt. Aber denke daran: Wenn du dabei kein bestimmtes Enddatum ins Auge fasst, reift dein Projekt in seinem eigenen Tempo heran, und du musst erraten, zu welchem Zeitpunkt der Ertrag fällig wird. Bitcoin zum Beispiel war Anfang der 2000er-Jahre eine Neuheit im Wert von Cents auf dem Finanzmarkt und ist jetzt viel mehr wert. Dieses langsame Heranreifen ist die Jera-Energie.

Wenn Jera auftaucht

- Was erfordert noch mehr Energie, um zur Vollendung zu gelangen?
- Wo gibt es eine Ernte, die du noch nicht eingefahren hast?
- Welche unerledigten Dinge solltest du zum Abschluss bringen?
- Was benötigt noch mehr Zeit?
- Überstürzt du gerade irgendetwas?

In einem Reading bringt Jera die Idee der Vollendung oder Ernte in die Fragestellung ein. Vielleicht ist eine Situation jetzt so weit, dass du auf sie reagieren oder sie irgendwie zum Abschluss bringen und zum nächsten Punkt übergehen kannst. »Bereit« ist ein gutes Wort im Zusammenhang mit Jera.

Jera könnte aber auch bedeuten, dass du einer Idee Zeit geben musst, um zu reifen, statt sie allzu hastig voranzutreiben.

Bei Readings mit dieser Rune kommt es auf den Kontext an. Auf die Frage »Soll ich sie nach dem zweiten Date fragen, ob sie mich heiraten will?« könnte Jera dir die Antwort geben: »Lass die Beziehung erst mal reifen«, während die Jera-Antwort auf die Frage »Ich kenne sie jetzt schon seit zehn Jahren – soll ich sie bitten, meine Frau zu werden?« lauten könnte: »Ja, sie ist jetzt bereit dazu.«

Wenn Jera außerhalb eines Readings auftaucht, wirf einmal einen Blick auf dein persönliches Leben und überprüfe, was noch reifen muss oder was schon reif genug ist. Dazu ist ein wenig Innenschau erforderlich. Wurde die Rune von der Energie eines Projekts oder einer persönlichen Angelegenheit angezogen?

Jera-Meditation

Lege für diese Meditation deinen Timer und dein Tagebuch bereit und suche dir ein bequemes Plätzchen zum Sitzen. Ich mache diese Meditation immer auf einer Yogamatte und sitze dabei auf einem Kissen.

- Zeichne oder schreibe dreimal hintereinander Jera in dein Tagebuch.
- Stell deinen Timer auf drei Minuten.
- Setz dich gerade hin und hebe deine Hände auf Herzhöhe. Die Handflächen zeigen dabei nach unten.
- Führe deine Daumen zusammen und lege sie dann beide in die Handfläche deiner linken Hand - der linke Daumen ist dabei angewinkelt, der rechte gerade. In dieser Position zeigen die Finger beider Hände gerade nach außen, und deine Hände liegen voreinander (die rechte vorne) wie Stegosaurus-Stacheln.
- Schau auf deine Nasenspitze und atme ganz leicht und mühe-

los. Sage beim Ein- und Ausatmen in Gedanken jedes Mal »Jera« vor dich hin.

- Und nun wirst du ein bisschen Multitasking betreiben. Sprich weiter in Gedanken »Jera« vor dich hin und stell dir beim Einatmen vor, dass du deinen Bauchnabel an die Nase hebst.
- Praktiziere das drei Minuten lang und beschreibe anschließend deine Gefühle in deinem Tagebuch.

Diese Meditation lässt die Jera-Energie in deine Lebenskraft (dein *Ond)* hineinfließen, die ihren Sitz in deinem Bauch hat, und hilft dir auf diese Weise, die Aufgaben oder Projekte zu erledigen, die für heute auf deiner Liste stehen.

Affirmation

»Alles trägt zur rechten Zeit Früchte.«

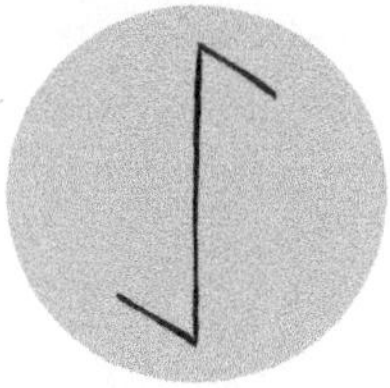

EIHWAZ

JIIHU-WAZ

Laut
Der »j«-Laut wie in »Joghurt« oder »Jubel«.

Inspiration
Gespeichertes Potenzial.

Geschenk
Potenzielle Energie nutzen.

Herausforderungen
Nutzlose Energie anhäufen.

Altes Runengedicht

Eoh byþ utan unsmeþe treow,
hörte hrusan fæst, hyrde fyres,
wyrtrumun underwreþyd, wyn on eþle.

Die Eibe ist ein Baum, rau von außen,
Hart und fest in der Erde verankert, ein Hüter des Feuers,
Seine Wurzeln unter der Säule, eine Freude auf dem heimatlichen Boden.

Eihwaz ist die Eibe, ein Baum, der früher stets abseits von Tierweiden und an heiligen Orten angepflanzt wurde. Dafür gibt es mehrere Gründe: Wenn Weidetiere die Früchte dieses Baums fressen, sterben sie; und wenn man im Hochsommer unter einer Eibe sitzt, hat ihr Duft eine psychoaktive Wirkung. Die alten Völker der Welt (vor allem die Priesterinnen und Priester der vor-abrahamitischen Religionen) haben sich auf diese Weise hin und wieder einen angenehmen Nachmittag gegönnt.

Die Eibe besitzt aber noch weitere interessante Eigenschaften: nämlich die Tatsache, dass ihr Holz langsam brennt und dass die Menschen früherer Zeiten glühende Kohlen in Gefäßen aus Eibenholz transportierten. Auch diese Eigenschaft des langsamen Brennens und der Langlebigkeit ist ein Aspekt der Rune Eihwaz.

Eine andere wichtige Eigenschaft ist ihre schiere Kraft. Als es noch kein Schießpulver gab, war Muskelkraft die einzige Kraft, die es gab, und der Bogen war das beste Werkzeug, um ein Projektil abzuschießen. Ein Bogen aus Eibenholz konnte enorme Mengen potenzieller Energie speichern und mit seinem Pfeil sogar einen Plattenharnisch durchbohren. Selbst im Zeitalter des Schießpulvers hätte ein britischer General statt Musketieren lieber Langbogenschützen gehabt, da diese schneller und weiter schießen konnten. Auch diese Qualitäten des Könnens und gespeicherten Potenzials sind ein Aspekt von Eihwaz.

Eihwaz in der heutigen Zeit

Diese Rune sagt uns, dass wir uns bei unseren Zukunftsplänen an dem orientieren sollten, was wir bereits besitzen, wissen und erlebt haben.

Aber sie hat auch eine Kehrseite: Wir sollten darauf achten, inwiefern wir unsere Zeit und Energie verschwenden oder in welchen Lebensbereichen wir unsere Kreativität und Energie nicht effektiv genug einsetzen; Eihwaz könnte uns nämlich dazu anspornen, uns diese wertvollen Kräfte für eine Zeit aufzusparen, in der sie »nützlich« sind.

Man kann Energie nicht unendlich lange speichern; sie muss verbraucht werden. Wenn du zur Untätigkeit neigst, solltest du wissen, dass du damit möglicherweise deine Energie verschwendest, denn gespeicherte Energie kann mit der Zeit verkümmern. Auch Batterien verlieren früher oder später ihre elektrische Ladung. Wenn wir Menschen Energie speichern, ist es genau dasselbe – sie wird vom Kosmos ausgelaugt. Doch solange die Glut noch schwelt, besteht die Möglichkeit, sie zu einer Flamme zu entfachen.

Und hier kommen deine Zukunftspläne ins Spiel: Brich zum Beispiel nicht schon im Januar in fieberhafte Aktivität aus, wenn für den Juni eine Veranstaltung geplant ist. Speichere diese Energie lieber und nähre sie tagtäglich – so lange, bis sie dir auch wirklich etwas bringt! Lade sie wie eine Batterie langsam, aber sicher auf, bis sie gebraucht wird.

Eine Beziehung zu Eihwaz aufbauen

- Du kannst diese Rune auf Gegenstände legen, die Energie speichern sollen: Werkzeuge für heilige Handlungen, Zauberstäbe, Trommeln, Kristallbeutel usw.
- Man kann sie auch auf einen Altar legen, um Energie für ein geplantes Ritual zu speichern.
- Male Eihwaz auf dein Feuerzeug, damit die Flamme nicht ausgeht.
- Bringe diese Rune neben deinem Bett an, und du wirst starke Träume haben.
- Wenn du sie auf etwas legst, das Energie speichert (zum Beispiel auf einen Akku oder dein Handy), hält diese Energie länger; aber denke daran, deine Absicht auch wirklich nur auf eine längere Laufzeit zu richten, denn Hitze ist nicht gut für ein Handy!
- Wenn du eine Veranstaltung besuchst oder sich jemand in deiner Nähe befindet, der die gleiche Wellenlänge hat wie du oder dessen Energie dich anspricht (vielleicht ein Sänger bei einem Konzert, dein Lieblingsredner bei einem Vortrag oder wenn du dich mit einem Freund unterhältst, dessen Worte dich inspirieren), nimm eine Flasche Wasser zur Hand und flüstere ihr zu: »Bitte speichere die Energie dieser Erfahrung.« Schreibe die Eihwaz-Rune auf die Flasche und genieße dann einfach den Tag. Das Wasser wird die gewünschte energetische Resonanz in deiner Nähe halten. Stell dich vor deinen Altar und trinke das Wasser, um diese Energie in deinen physischen Körper hereinzuholen. Während des Trinkens aktivierst du diese Energie in deinem Inneren.

Ich besitze zum Beispiel Wasser von einem Gletscher in Norwegen, Eis aus Island, Wasser aus der Wüste (wo jeder Tropfen kostbar ist) und Wasser von schönen Zeiten, die ich mit Freunden verlebt habe. In jedem Wasser ist die Energie der jeweiligen Zeit und des Ortes gespeichert, und ich verwende davon entweder ein paar Tropfen für magische Projekte oder gebe etwas davon in mein Bade- oder Trinkwasser, um die Energie dieser Erlebnisse zu reaktivieren.

Die Kehrseite von Eihwaz besteht darin, dass diese Rune *jede* Energie aus deiner Umgebung speichern kann – was wunderbar ist, wenn du ein CrossFitter bist, der eine hohe Schwingung hat, sich vegan ernährt, immer nur Saft trinkt und sich rund um die Uhr um alte Menschen und verletzte Vögel kümmert. Die meisten Menschen sind jedoch nicht so: Wir sind auch anderen Einflüssen ausgesetzt, die eine weniger positive Energie erzeugen oder anziehen können – dazu zählen zum Beispiel Supermarktbesuche, Autofahrten in ständigem Verkehrschaos, Informationsüberflutung, Viren. Eihwaz speichert gerne die Energie, auf die wir am häufigsten zugreifen, da wir diese wahrscheinlich auch am häufigsten nutzen werden. Ganz schön clever, oder? Aber wenn wir unsere Energie hauptsächlich dafür investieren, uns zu ärgern, uns Sorgen zu machen oder Angst zu haben, dann wird Eihwaz genau diese Energie speichern. Das ist so ähnlich wie bei der Erziehung eines jungen Hundes: Wenn der Hund daran gewöhnt ist, angeschrien zu werden, wird er auch nur auf Anschreien reagieren; wenn man dagegen in ruhigem, bestimmtem Ton mit ihm spricht, wird er auf diese Anweisungen hören.

Wenn du auf Drama und Theatralik stehst, wird Eihwaz diese Energie speichern. Wenn du gerne junge Hunde umarmst, speichert Eihwaz diese Resonanz. Und wenn du gern tanzt, dich bewegst, Dinge manifestierst, Bücher liest und dir aufbauende Filme oder Videos anschaust, dann ist *das* die Energie, die Eihwaz speichern wird. Verstehst du, worum es geht?

Lass die Energien einfach auf dich zukommen, dann wird Eihwaz wahrscheinlich eine bunte Mischung aus allem Möglichen speichern. Wenn diese Rune dir dabei helfen soll, mehr von den Energien zu speichern, zu denen du häufiger Zugang finden möchtest, besteht deine tägliche Aufgabe darin, dich bewusst um Gedanken und Emotionen zu bemühen und Aktivitäten nachzugehen, deren Energie Eihwaz speichern soll.

Eine andere Möglichkeit, eine Beziehung zu Eihwaz aufzubauen, ist es, mit der Eibe in Kontakt zu treten. Die Kontaktaufnahme mit Bäumen wird schon seit Jahrtausenden praktiziert. Inzwischen gibt es viele wissenschaftliche Untersuchungen darüber, die beweisen, was wir eigentlich schon immer gewusst haben: Aufenthalte im Wald haben eine entspannende Wirkung auf uns.

Ich möchte dir nun drei verschiedene Möglichkeiten vorstellen, wie du mit der Eibe in Kontakt treten kannst. Der Schwierigkeitsgrad dieser drei Übungen reicht von leicht bis schwer.

- Diese Übung kannst du von deinem Bett oder Sofa aus machen. Schreibe oder zeichne die Rune Eihwaz in dein Tagebuch. Dann suche dir ein Stück Eibenholz, halte es in deiner nicht dominanten Hand und meditiere darüber, was Eihwaz und/oder die Eibe dir mitteilen möchte. Die Aktivität des Meditierens passt sehr gut zu Eihwaz, denn sie ist eine Möglichkeit, um deine eigenen inneren Ressourcen zu sammeln und zu speichern; also achte darauf, welche Botschaft bei dieser Meditation zu dir durchkommt. Atme langsam ein und aus und halte dabei das Holz in deiner Hand in der Absicht, mit Eihwaz in Kontakt zu treten.

- Geh nach draußen und suche nach einer Eibe. In Europa stehen diese Bäume meistens auf alten Friedhöfen. Sobald du eine Eibe gefunden hast, bleib stehen, atme einmal tief durch und frage den Baumgeist, ob du näher treten darfst. Ein »Ja« wird dir durch irgendeine Veränderung in deiner Umgebung angezeigt: zum Beispiel durch einen auffliegenden Vogel, einen herabfallenden Zweig oder eine Veränderung des Windes. Du wirst dieses Zeichen erkennen. Dann geh dicht an den Baum heran und umarme ihn. Eiben können ziemlich groß sein, da sie jahrhundertealt werden; also wirst du den Baum mit deinen Armen vielleicht nicht ganz umspannen können. Aber das macht nichts. Nimm dir einfach ein paar Minuten Zeit für diese Umarmung, spüre die Schwingungsenergie des Baums, bedanke dich bei ihm und schreibe dann in dein Tagebuch, welche Botschaft er dir mitgegeben hat.
- Diese Übung solltest du bei heißem Wetter machen. Geh nach draußen und suche nach einer Eibe. Nimm ein bisschen Wasser mit, denn du wirst ein paar Stunden bei diesem Baum verbringen. Bitte die Eibe um Erlaubnis, dich ihr zu nähern, setz dich dann unter sie und beginne damit, langsam und tief durchzuatmen. Schreibe oder zeichne die Rune Eihwaz in dein Tagebuch und konzentriere dich dann auf deine Atmung. Sobald du anfängst, dich zu entspannen, kannst du dich entweder hinlegen oder sitzen bleiben, je nachdem, was bequemer für dich ist. Sobald du

bereit dazu bist, kannst du in dein Tagebuch schreiben, was Eihwaz und die Eibe dir mitteilen.

Wichtig: Iss weder Beeren noch Nadeln von Eiben! Sie sind giftig.

Wenn Eihwaz auftaucht

- Wo wird Energie benötigt?
- Wo hält jemand unnötigerweise an Energie fest?
- Welche neue Energie kann gespeichert werden?
- Wo besteht eine sinnvolle Möglichkeit, Energie loszulassen?

In einem Reading steht Eihwaz für die Verbindung zu der von dir gewählten Energie oder zu deiner Fragestellung. Auch hier kommt es auf den Kontext an: Welche Energie könnte ich loslassen? Welche kann ich bewahren und in mir tragen? Denke darüber nach, wo diese Dualität in den anderen Runen des Readings zum Ausdruck kommt.

Aufgrund der giftigen und halluzinatorischen Wirkung der Eibe kann man Eihwaz auch als Rune des Todes und Eingangstor zu anderen Welten betrachten. In einem Reading kann sie bedeuten, dass es die Möglichkeit einer Verbindung zur anderen Seite gibt.

Wenn dir Eihwaz unterwegs begegnet, solltest du genau darauf achten, was für Energien du gerade in dir trägst. Welche dieser Energien brauchst du wirklich? Welche kannst du loslassen? Denke daran, dass man Energie in Aktion umwandeln kann.

Eihwaz-Meditation

Die Entscheidung, welche Energie du in dich aufnehmen und welche du ablegen möchtest, ist eine Übung in Selbstdisziplin. Diese Meditation hilft dir, die Energien, die dir im Lauf des Tages begegnet sind, zu sichten.

- Wenn du im Bett liegst und alles getan hast, was du normalerweise vor dem Schlafengehen erledigst, geh in Gedanken die Erlebnisse des Tages durch, die dir immer noch im Kopf herumspuken - du weißt schon: die Gedanken, die dich beschäftigen und wertvollen Platz in deinem Kopf beanspruchen.
- Überlege, was du aus diesen Gedanken lernen kannst. Vielleicht solltest du dich in Zukunft anders verhalten, nicht so leicht außer Fassung geraten, ein bisschen aufmerksamer sein usw.
- Dann lege dieses Ereignis in Gedanken ad acta. Dadurch schließt sich der Kreis des Ereignisses in deinem persönlichen Energiefeld auf magische Weise.
- So kannst du die positive Lernenergie aus den Tagesereignissen in deinem Gedächtnis abspeichern, statt dich in der »Ach wenn doch nur«-Energie zu verrennen; denn »Ach wenn doch nur«-Gedanken sind - ehrlich gesagt - absoluter Quatsch.

Diese Übung kannst du jeden Tag machen; sie wird immer einfacher, je öfter du sie praktizierst.

Affirmation

»Ich bestimme über meine eigene Energie.«

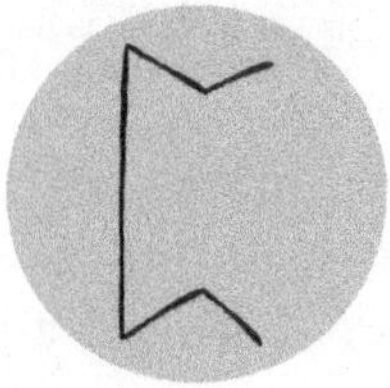

PEROTH (PERTHRO)

PER-OTH

Laut
Das »p« wie in »Penny«, »Pilger« und »Pelz«.

Inspiration
Freude an der Geselligkeit.

Geschenk
Ein Glücksfall.

Herausforderungen
Großes Pech.

Alter Runentext

> *Peorð byþ symble plega und hlehter*
> *wlancum, ðar wigan sittaþ on beorsele bliþe ætsomne.*

Peroth ist der Festtag: die Spiele und die Verlosung für die stolzen Krieger, die glücklich in der Met-Halle beisammensitzen.

Die Peroth-Runenenergie bringt die Quintessenz dessen zum Ausdruck, was die stolzen Krieger in der Wikingerhalle empfanden, wenn sie zusammen feierten, schlemmten und sich vergnügten – oft nachdem sie um ihr Leben gekämpft hatten. Diese Rune deckt ein relativ breites Spektrum menschlichen Lebens ab:

- *Sexualität:* Dieser Aspekt springt auf den ersten Blick ins Auge, da diese Rune die Form zweier gespreizter Beine hat. Sex zum bloßen Vergnügen war bei den altnordischen Völkern verpönt; aber Sex mit dem Ziel, Kinder zu zeugen, war ein heiliger Akt. Das zeigt sich an den vielen Statuen von Göttern mit riesigem Phallus und Göttinnen mit Fruchtbarkeitssymbolen wie Getreide, Spinnrocken oder Katzen: Sie deuten auf die magische Kraft der Sexualität in der kulturellen Identität der altnordischen Völker hin. Tatsächlich lehnten die Mönche, die die Rituale in Uppsala (Schweden) an einem heiligen Tag der Fruchtbarkeit dokumentieren sollten, dies ab, weil sie sie als zu unanständig empfanden.
- *Zufall:* Glücksspiele (von Karten- bis hin zu Würfelspielen) waren schon immer überall beliebt, wo Menschen zusammenkamen; die altnordischen Völker stellten in dieser Hinsicht keine Ausnahme dar. Sie waren äußerst geschickt darin, Knochen und Holz zu bearbeiten, und schufen kunstvolle Würfel in den verschiedensten Formen und Größen.

- *Schicksal:* Das ist eine moderne Interpretation dieser Rune, die versucht, die Idee des Zufalls mit dem *Wyrd*-Konzept in Verbindung zu bringen. Wie bereits an anderer Stelle erwähnt, ist Zufall jedoch etwas anderes als *Wyrd.* Peroth ist also keine *Wyrd*-Rune, sondern eine Rune des Zufalls und der Sexualität. *Wyrd* ist in allen Runen enthalten.

Runen eine neue Bedeutung geben

Peroth ist eine meiner Lieblingsrunen, weil ihre Bedeutung so nebulös ist. An dieser Rune kann man sehr gut erkennen, was passiert, wenn eine Kultur sich die Glaubensvorstellungen, Denk- und Verhaltensmuster einer anderen Kultur aneignet, ohne sie verstanden zu haben, oder - noch schlimmer - wenn sie sie absichtlich falsch interpretiert. Peroth spricht von dem, was Menschen tun, wenn sie es so richtig »krachen lassen« wollen. Vor allem stolze Krieger. Dies waren damals meistens junge Männer - und was tun junge Männer, wenn sie sich nach etwas Anstrengendem wie beispielsweise einem Kampf entspannen wollen? Ich denke da in erster Linie an Sex. Doch die Männer, die die mündlich überlieferte Geschichte der altnordischen Völker übersetzten, waren enthaltsam lebende Mönche, die sich in ihren Klöstern von der Welt abschotteten. Also bezeichneten sie das schamhaft als »glückliche Stunden miteinander verbringen«.

Das ist ein gutes Beispiel für kulturelle Voreingenommenheit. Zu den besten Eigenschaften von Runen gehört jedoch die Tatsache, dass die Bedeutung, die du ihnen zuschreibst, aus esoterischer Sicht ebenso gültig ist wie meine oder die

von jemand anderem, der eine Doktorarbeit darüber geschrieben hat. Die Aussprache der Runen ist ziemlich genau festgelegt; doch ihre esoterische Bedeutung hängt stark von unserer persönlichen Interpretation ab.

Peroth in der heutigen Zeit

In unserem heutigen Leben steht Peroth für Glück, körperliche Liebe und Schicksal – entweder allein oder in beliebiger Kombination. Vor allem aber bringt diese Rune Glück. Die altnordischen Völker hatten verschiedene Wörter für Glück. Mit Peroth ist *Hamingja* gemeint – das Glück, das man sich verdienen muss. Wie in dem alten Runengedicht bereits angedeutet, entsteht *Hamingja* nicht von selbst; man braucht Menschen um sich herum, die dieses Glück vermehren. Wenn du mit Freunden Spaß hast, wächst dein *Hamingja;* und das führt wiederum dazu, dass dir in deinem Leben Gutes widerfährt. Sicherlich hast du auch schon die Erfahrung gemacht, dass man nur selten schöne Dinge erlebt, wenn man niedergeschlagen ist und sich einsam fühlt; wenn man sich dagegen wohl- und mit anderen Menschen verbunden fühlt, ist einem das Glück sehr viel eher hold. Das ist Peroth in Aktion: Diese Rune wird von der »Gut drauf«-Energie von Menschen angezogen, die sich der Geselligkeit hingeben und das Leben genießen.

Eine Beziehung zu Peroth aufbauen

- *Geh hinaus:* Der erste und wichtigste Weg, eine starke Beziehung zu Peroth aufzubauen, besteht darin, einen Ort aufzusuchen, an dem diese Energie zu finden ist. Ich weiß, dass ihr euch in so einem Umfeld nicht unbedingt wohlfühlt, liebe introvertierte Typen; doch leider müsst ihr den Kontakt zu anderen Menschen suchen, um die Magie dieser Rune zu erleben. Aber keine Sorge: Wenn du dich mit Menschen umgibst, die du liebst und respektierst und die *dich* lieben und respektieren, kommt die Peroth-Energie zu dir. Vergiss bitte nicht, dass man Liebe und Respekt nicht geschenkt bekommt, sondern dass man sich beides erst verdienen muss!

- *Geh unter Leute:* Je mehr bereichernde Kontakte zu anderen Menschen du erlebst, die dich innerlich aufbauen und dir Erfüllung schenken, umso mehr Peroth- und *Hamingja*-Energie wird dir zufließen. Gemeinsame Interessen, fröhliches Beisammensein mit anderen Menschen oder die Zusammenarbeit in einem für beide Seiten vorteilhaften Umfeld (zum Beispiel einem guten Team) helfen dabei, diese Energie aufzubauen. Denke daran, dass du dieses Glück nicht anziehst, wenn du dich mit Menschen umgibst, die dich nicht schätzen oder denen du selbst keine Wertschätzung entgegenbringst! Ganz im Gegenteil: Dadurch stößt du das Glück ab.
- *Interaktion:* Peroth ist eine Energie der gemeinsamen Erfahrung und der menschlichen Interaktion; aber dazu zählen auch Hunde, Pferde, Katzen … oder nein, eigentlich nicht so sehr. Die Interaktion mit Menschen ist am wichtigsten. Dadurch, dass wir uns auf Kontakte mit anderen Menschen einlassen, bauen wir Gemeinschaftsenergie auf. So verändern sich unsere Energiefelder, und wir ziehen Glück an. Das ist Peroth.

Wenn Peroth auftaucht

Wenn dir Peroth per Zufall begegnet, ist diese Rune ein Zeichen für wechselhaftes Schicksal. Dann solltest du überprüfen, ob du dich bei deinem Vorwärtskommen vielleicht zu sehr auf dein Glück verlässt, und überlegen, in welcher Hinsicht du es entweder vermehren oder was du gegen diese zu starke Abhängigkeit von bloßem Glück tun kannst. Denke daran: Die Nornen sind launisch; wenn sie sehen, dass du dich auf deinen Lorbeeren ausruhst, werden sie dir den Boden unter den Füßen wegziehen.

In einem Reading deutet Peroth auf eine Schicksalswendung hin, wobei es normalerweise um das Schicksal einer Gemeinschaft oder eines Gemeinwesens geht. Achte bei der Deutung darauf, ob es deinem Klienten womöglich an Glück fehlt oder ob er zu viel von dieser Energie hat.

Wenn es in dem Reading um eine Liebesbeziehung geht, deutet Peroth auf sexuelle Anziehung, Lust und Sex hin. Auch hier ist der Kontext wichtig: Nutze deine hellseherischen Fähigkeiten, um die Situation zu ergründen, die hinter der Fragestellung des Klienten steht!

Peroth-Meditation

Das hier ist wahrscheinlich die Meditation in meinem Buch, die am stärksten an das Leben der Wikinger erinnert. Also geh mit Freunden, zu denen du Vertrauen hast, etwas trinken, etwas essen, ein Kloster ausrauben, Paris belagern usw.

Spaß beiseite: Geh hinaus und triff dich mit Leuten. Besuche ein Konzert, eine Bar oder Kneipe, sing Lieder, nimm an einem gemeinschaftlichen Ritual zu Ehren der Jahreszeit teil oder geh mit Freunden tanzen.

Falls du ein eher introvertierter Mensch bist, fange klein an und baue langsam und allmählich Vertrauen zu einem oder zwei Menschen auf. Mach dir bewusst, wo deine Grenzen liegen, und verschiebe sie jeden Tag ein bisschen weiter nach außen. Erlaube dir, Vertrauen zu anderen Menschen zu fassen und Freundschaften zu schließen.

Affirmation

»Ich bin in der Lage,
das Glück zu wählen,
das mich begünstigt.«

ALGIZ

AL-GIIZ

Laut
Das »z« wie in »Schutz«, »Zimmer« oder »Zwiebel«.

Inspiration
Die kreative Nutzung von Technik oder Natur.

Geschenk
Schutz vor bösen Energien.

Herausforderungen
Übermäßiges Vertrauen auf Schutz, der von außen kommt.

Altes Runengedicht

Eolh-secg eard hæfþ oftust on fenne
wexeð on wature, wundaþ grimme,

blode breneð beorna gehwylcne
ðe ihn ænigne onfeng gedeþ.

Die Elchsegge wächst oft in Sümpfen,
im Wasser, kann uns üble Verletzungen zufügen
und verätzt das Blut
des Helden, der nach ihr greift.

In grauer Vorzeit ließen sich die Menschen stets an Orten nieder, wo man leicht an sauberes Wasser und gutes Essen herankam. Manche lebten im sanften Hügelland von Wessex, andere in den eisigen Fjorden Norwegens, wieder andere in den friesischen Sümpfen. In all diesen Gegenden gibt es Hirsche (und im Norden Elche), die mit ihren stolzen Hörnern Feinde abwehren. Die Menschen im hohen Norden beobachteten diese Verteidigungsstrategie der Elche und eiferten den Tieren nach, indem sie sich mithilfe von Dornen und hölzernen Barrieren schützten. In Wessex gruben sie Festungen in die Erde hinein, in den Sümpfen bauten sie ihre Häuser auf Stelzen, in Norwegen errichteten sie Zäune und Häuser aus Holz und Grasnarben. Bei Algiz geht es darum, das zu nutzen, was die Natur uns gegeben hat, und uns mithilfe unseres Erfindungsreichtums vor Räubern – egal, ob Mensch oder Tier – zu schützen.

Diese Rune hat aber auch noch einen anderen Aspekt. Algiz ist nicht nur defensiv und anpassungsfähig; dieser Energie haftet auch etwas Mystisches an: der Schwan. Mit seinen mächtigen Flügeln kann der Schwan Knochen þrechen, während seine sanfte Eleganz manchmal als Geschenk Gottes bezeichnet wird. Die Anmut des Schwans und die Kraft seiner Schwingen ragen in den Himmel empor wie die Hörner des Elchs.

Algiz in der heutigen Zeit

Im modernen Leben ist Algiz eine Schutzrune und wird in Amuletten und Ritualen oft zu diesem Zweck verwendet.

Doch es steckt noch mehr hinter dieser Rune: Algiz wird von der Energie der Anpassung, Technologie und Innovation angezogen. Es genügt nicht, einfach nur einen Zaun zu errichten: Wir können am besten für unsere Sicherheit sorgen, indem wir unsere Abwehrmechanismen mithilfe unserer Fantasie und Kreativität dauerhaft verstärken. So verbindet Algiz die Welt der Natur mit der Innovationsfähigkeit des menschlichen Geistes, um Kreativität in unsere moderne Technologie hineinzubringen. Gerade diese Fähigkeit, sich anzupassen und Hindernisse zu überwinden, hebt uns aus dem Schlamm empor. Algiz ist der Kontakt zur göttlichen Inspiration. Diese Rune hat nicht nur die Form eines Geweihs oder von Schwanenflügeln, sondern auch die eines Kelchs, der die Tropfen göttlicher Inspiration auffängt.

Eine Beziehung zu Algiz aufbauen

- Bringe Algiz an deinen Hauswänden oder Gartenmauern an! Das ist eine gute Möglichkeit, die schützende Energie dieser Rune in dein Zuhause zu holen. Alle Holzpaneele meines Gartenzauns sind mit Algiz verziert, ebenso wie meine Hauswände: Ich habe diese Rune mit Holzkohle eingebrannt und das Ganze dann mit Farbe überstrichen.

- Bei Algiz geht es aber auch darum, seine persönlichen Grenzen klar und deutlich zu ziehen – also beispielsweise nicht zu versprechen, jemanden um drei Uhr morgens vom Flughafen abzuholen, wenn man das eigentlich gar nicht will. Um deine Energie oder dein persönliches *Ond* aufzubauen, musst du starke Grenzen setzen. Doch wir Menschen sind nun einmal gesellige Wesen; also sei im Umgang mit deinen Mitmenschen flexibel, sonst verbraucht sich deine Energie, und dann bist du nur noch eine leere Hülse.
- Dieser Energieaustausch erstreckt sich auch auf das Göttliche. Mit guten Grenzen und ein bisschen Übung kannst du selbst entscheiden, wie du mit dem Kosmos in Kontakt treten möchtest. Das ist vor allem dann hilfreich, wenn du interessante Träume hast oder wenn nachts Geister von Verstorbenen oder andere Geistwesen an dein Bett kommen und deinen Schlaf stören. (Oder wenn du das möchtest.)
- Wenn du dich von den Göttern inspirieren lassen willst, schnitze Algiz in ein Stück Obstbaumholz (zum Beispiel in den Zweig eines Apfelbaums oder den Stiel eines Apfels oder einer Birne) und lege dieses Holzstück vor dem Schlafengehen unter dein Kopfkissen. Das hält auch schlechte Träume fern.
- Außerdem kann Algiz dir zu Innovation und Erfindungsreichtum verhelfen. Ich habe diese Rune auf dem Umschlag des Notizbuchs angebracht, in das ich meine Ideen hineinkritzle. Sie schenkt mir möglichst viele Inspirationen und sorgt dafür, dass diese Einfälle nicht wieder verloren gehen!

Wenn Algiz auftaucht

- Wo sind deine Grenzen?
- Welche inneren Barrieren halten dich davon ab, das zu tun, was du tun möchtest?
- Wie manifestiert sich dein kreativer Einsatz von Technik oder Natur?
- In welchen Lebensbereichen verhältst du dich zu defensiv?
- In welcher Hinsicht verhältst du dich nicht defensiv genug?

Wenn Algiz dir in freier Natur begegnet, deutet diese Rune darauf hin, dass du Schwierigkeiten mit dem Setzen von Grenzen haben könntest. Diese Probleme können emotionaler, körperlicher, beruflicher oder persönlicher Natur sein.

Wenn Algiz bei einer Veranstaltung oder Versammlung auftaucht, solltest du darauf achten, wo deine energetischen Mauern sind. Das ist sehr wichtig, denn sobald bei einer Veranstaltung viele Menschen zusammenkommen, entsteht eine Menge gebündelter Energie. An und für sich ist das etwas Großartiges; aber denke daran, dass dabei die Energien anderer Menschen auf dich übergreifen könnten – und du willst dich doch nicht von den negativen Energien anderer Leute zumüllen lassen!

In einem Reading steht Algiz oft für Verteidigung oder Schutz. Also richte dein Augenmerk zuerst einmal darauf und als Nächstes auf die Themenbereiche »Technologie«, »Anpassung« und »Verbindung zum Göttlichen«. Die Algiz-Energie könnte zum Beispiel bedeuten, dass physische Grenzen überschritten werden – vielleicht ist ein Gartenzaun kaputt oder dein Haustürschloss nicht so einbruchssicher, wie es sein könnte. Beginne mit ganz banalen, alltäglichen Dingen und arbeite dich von dort aus zu abstrakteren Themenbereichen vor. Auch dabei ist es hilfreich, auf den Kontext zu achten. Wenn dein Klient nach einer Liebesbeziehung fragt, könnte Algiz bedeuten, dass seine inneren Barrieren zu stark sind, um einen anderen Menschen in sein Leben hineinzulassen. Wenn er sich dagegen nach beruflichen Dingen erkundigt, sind seine Barrieren vielleicht nicht stark genug, sodass die Kollegen sie nicht ernst nehmen und ihn wie einen Fußabtreter behandeln.

Algiz-Meditation

Diese Meditation hilft dir dabei, Grenzen zu setzen. Du brauchst dazu dein Tagebuch, einen Timer, einen Stift und eine bequeme Unterlage.

- Setz dich zunächst auf den Boden. Dein rechtes Bein liegt lang ausgestreckt; das linke Bein ist angewinkelt, sodass das Knie nach oben zeigt. Die Zehen weisen nach vorne.
- Lege nun die linke Fußsohle an die Seite deines rechten Fußes, sodass der Ballen des linken Fußes etwas tiefer liegt als der rechte Fußknöchel.
- Balle die linke Hand zu einer Faust und lege sie mit den Knöcheln nach unten neben deiner linken Hüfte auf den Boden.
- Schiebe den rechten Ellbogen zum rechten Knie hin, sodass sich dein Körper etwas verdreht.
- Als Nächstes führst du die rechte Hand an dein rechtes Ohr. Forme die rechte Hand zu einer Schale und lege sie auf dein rechtes Ohr, um die Energie in deinen Körper zurückzubringen.

- Geschafft? Dann entspann dich und nimm dein Tagebuch zur Hand.
- Als Nächstes zeichnest du dreimal hintereinander die Rune Algiz in dein Tagebuch und beschreibst dazu die Grenze, die du setzen willst. Zum Beispiel: »Ich möchte in der Lage sein, ›Nein‹ zu meiner Chefin zu sagen, wenn sie unangemessene Forderungen stellt.«
- Stell deinen Timer auf drei Minuten, nimm deine Meditationsposition wieder ein und schließe die Augen.
- Sprich leise »Al-Giiz« vor dich hin.
- Stell dir vor, dass du von einer Blase aus Kraft umgeben bist, die von deiner Herzregion ausgeht und deine Grenze für diese Energie ist. Du kannst dein Energiekonstrukt auch mit der Algiz-Rune erfüllen.
- Sobald du das drei Minuten lang praktiziert hast, wiederholst du diese Meditation drei Minuten lang auf der anderen Seite. Deine Kraftblase soll doch schließlich symmetrisch sein, oder nicht?
- Dann schreibe deine Gedanken in dein Tagebuch.

Affirmation

»Ich setze und wahre meine persönlichen Grenzen.«

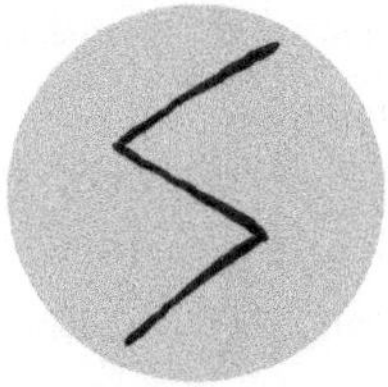

SOWOLIO

SOW-OL-IO

Laut
Das »Esss« in »Sonne«, »Segel« und »Sauna«.

Inspiration
Führung und Anleitung.

Geschenk
Den Weg erkennen.

Herausforderungen
Einen zu großen Schatten werfen.

Alter Runentext

> *Sigel semannum symble biþ on hihte, ðonne hi hine feriaþ ofer fisces beþ, oþ hi brimhengest bringeþ to lande.*

Die Sonne ist immer eine Wonne in den Hoffnungen von Seefahrern, wenn sie über das Bad der Fische hinwegreisen, bis die Kurse der Tiefe sie an Land bringen.

Vor 1500 Jahren hatten wir weder einen Kompass noch eine Uhr noch sonst irgendeine Möglichkeit, auf See zu navigieren. Wenn keine Sterne sichtbar waren und es auch keine sonstigen Orientierungspunkte gab, mussten wir uns nach dem Lauf der Sonne richten. Da die Sonne im Osten auf- und im Westen untergeht, zeigt die Sonnennavigation uns, wo Osten und Westen liegen; und daraus können wir wiederum ableiten, wo Norden und Süden sind. Das bedeutet, dass wir anhand des Sonnenstands relativ sicher navigieren können.

Genauso ist die Sonne auch im Leben unser Leitstern. Im eisigen Norden sorgte ihre Wärme dafür, dass das Leben jedes Jahr ins Land zurückkehren konnte.

Die Sowolio-Energie steht für das Wissen, wohin wir gehen sollen, und für das Leben, das von der Sonne ausgeht.

Es ist wichtig, sich vor Augen zu halten, dass die langen Winternächte in Skandinavien (vor allem, je weiter man nach Norden kommt) den Menschen die Rückkehr der Sonne umso willkommener machen. Nach der Dunkelheit des Winters schmilzt der Schnee, und die Feldfrüchte beginnen auszutreiben und wieder zu wachsen. Das ist eine gewaltige Veränderung.

Sowolio in der heutigen Zeit

Sowolio ist also eine lebensspendende Energie. Diese Rune bedeutet, geführt zu werden und sich auch in unbekannten

Gewässern zurechtzufinden. Wir haben ein großes Talent dafür, Unbekanntes zu überleben; diese Gabe haben wir im Lauf unserer Evolution entwickelt – und sie beruht auf unserer Fähigkeit, zu wissen, wo wir sind.

Wenn wir wissen, wo wir sind und woher wir kommen, können wir entscheiden, wo wir hinwollen. Das ist die Stärke von Sowolio: die Navigation – sei es auf einer physischen Reise oder bei der Planung unseres Lebens.

Sowolio ist der Leitstern, der uns zeigt, wohin unsere Entscheidungen, unser Verhalten und unsere Gewohnheiten uns führen. Dieser persönliche Kompass gibt uns die Möglichkeit, unseren Kurs und unser Reiseziel zu ändern.

Wenn wir Sowolio um Rat fragen, kann uns diese Rune den Weg erhellen, der vor uns liegt, sodass wir unser Ziel erkennen und vielleicht auch ein paar auf diesem Weg liegende Stolperfallen umschiffen können. Wenn wir uns in energetischer oder emotionaler Hinsicht verirrt haben, können wir mithilfe der Sowolio-Energie dorthin zurückfinden, wo wir sein möchten.

Eine Beziehung zu Sowolio aufbauen

Sowolio kann uns bei der Suche nach der Richtung, die wir im Leben oder auf einer Reise einschlagen sollen, eine große Hilfe sein.

- Bringe diese Rune auf deiner Outdoor-Ausrüstung an, zum Beispiel an deinem Rucksack, deinen Stiefeln, deinem Kompass und deiner Kartentasche.
- Klebe einen Sowolio-Sticker auf dein GPS und/oder das Armaturenbrett deines Autos. Wie auch immer du dich in der Welt fortbewegst – mithilfe von Sowolio lässt sich die Navigation energetisch verbessern.

- Sowolio ist aber auch ein ausgezeichnetes Werkzeug für die Navigation auf kosmischen Wegen. Wenn du einen Anhänger mit dieser Rune trägst oder sie neben dein Bett legst, wird sie dir bei Meditationen und Astralreisen Orientierung und Führung bieten.

Wenn Sowolio auftaucht

- Worin besteht dein Ziel?
- Warum bist du auf diesem Weg?
- Wo wird Führung benötigt?

Wenn diese Rune dir in der freien Natur begegnet, bedeutet dies, dass es einen Weg gibt, den du einschlagen kannst – oder auch nicht. Das ist deine Entscheidung.

In der freien Natur zeigt Sowolio in die Richtung oder auf die Energie, die dich zu sich hinziehen möchte. Liegt diese Rune auf einem Weg? Steht sie auf einem Schild? Ist sie auf dem Hemd oder T-Shirt einer sehr attraktiven Person aufgedruckt? Betrachte Sowolio als Schwingung, die dir sagt: »Wenn du den nächsten Schritt gehst, wird das eine sehr starke, interessante Erfahrung für dich.«

In einem Reading zeigt Sowolio die Richtung an, die der Klient einschlagen soll. Achte dabei auf den Kontext, die Bedürfnisse des Klienten und seine Fragestellung, aber auch auf alle Runen, die in der Nähe von Sowolio liegen! Du kannst gerne noch eine weitere Rune ziehen, um mehr über den Kontext zu erfahren.

Sowolio-Meditation

Für diese Meditation brauchst du dein Tagebuch, ein bequemes Plätzchen und ein paar Karteikarten.

- Zeichne oder schreibe diese Rune dreimal hintereinander in dein Tagebuch.
- Als Nächstes zeichnest oder schreibst du Sowolio auf eine der Karteikarten. Nimm dir ein paar Minuten Zeit, um die Runenenergie der Richtungssuche auf die Karte zu übertragen. Das kannst du entweder mithilfe von Gedanken und geistigen Konzepten tun oder du fasst diese Energie in Worte und schreibst sie auf die Karte – je nachdem, was für dich am besten funktioniert.
- Dann faltest du die Karte in Form eines Flugzeugs und lässt diesen Papierflieger bei Tageslicht, wenn (zumindest irgendwo auf der Welt) die Sonne scheint, in die Luft steigen. Die Stelle, wo das Flugzeug landet, zeigt die Richtung an, in die du geführt wirst. Wenn es in einer Topfpflanze landet, wirst du zur Natur hingeleitet; wenn es in der Nähe eines Routers auf den Boden fällt, ist das ein Hinweis darauf, dass du dich in Richtung Technologie bewegen solltest. Nutze deine Intuition, um zu sehen, wohin die Rune dich führen will!
- Dann schreibe in dein Tagebuch, was du bei dieser Meditation gedacht und empfunden hast.

Affirmation

»Ich habe eine Richtung und weiß, wohin ich gehe.«

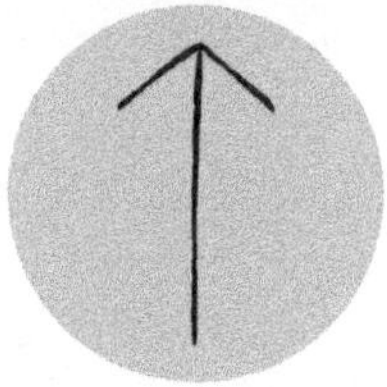

TIWAZ

TII-WAZ ODER TEI-WAZ

Laut
Das harte »t« wie in »Tyr«, »Trampolin« oder »Treppe«.

Inspiration
Moralisch korrektes Handeln.

Geschenk
Der Mut, nach deinen eigenen Wertvorstellungen zu handeln.

Herausforderungen
Zu starres Festhalten an einer Doktrin.

Alter Runentext

> *Tir biþ tacna sum, healdeð trywa wel wiþ æþelingas; a biþ on færylde ofer nihta genipu, næfre swiceþ.*

Tir ist eines der Zeichen; es hält sein Versprechen gegenüber dem Edelmann und ist während deiner Reise durch die Dunkelheit der Nacht für dich da; es trügt nie.

Ethik und Wertvorstellungen spielten in der altnordischen Kultur eine wichtige Rolle, da die Menschen auf den Meeren und in den kalten Wintern aufeinander angewiesen waren, um zu überleben. In Norwegen, Island und anderen nördlichen Regionen kann das Land sehr rau sein. Um dort zu überleben, muss man sich auf seine Nachbarn verlassen können, und umgekehrt.

Damals gab es keine Steckbriefe polizeilich gesuchter Verbrecher und auch keine Möglichkeit, die Identität eines Menschen zu überprüfen; außerdem war jeder bis an die Zähne bewaffnet. Man musste also darauf vertrauen, dass die Menschen einen Moralkodex hatten, an den sie sich hielten.

Tiwaz symbolisiert dieses Vertrauen und dieses Ehrgefühl. Nicht die Ehre, von der wir in der Fantasyliteratur lesen, sondern die Ehre, das Richtige zu tun, egal, was passiert. Uns in unserem täglichen Leben stets an unserem Moralkodex zu orientieren.

Tyr (auch Tiw oder Tir) ist der Gott, der für dieses Konzept steht. Er opferte seinen rechten Arm, um die Welt vor Zerstörung zu bewahren (diese Geschichte findest du in den Informationsquellen am Ende dieses Buches).

Tiwaz in der heutigen Zeit

Heute ist die Moral im Gesetz verankert, und unsere gemeinschaftliche Ethik wird vom Gesetzgeber definiert. Das funktioniert vor allem deshalb, weil unsere Bevölkerung sich inzwischen sehr stark vermehrt hat und wir nicht mehr darauf vertrauen können, dass völlig fremde Menschen die gleichen Wertvorstellungen haben wie wir, sodass diese Lücke durch Gesetze gefüllt werden muss.

Es gibt zwar eine Assoziation zwischen Tiwaz und Gerechtigkeit; doch das ist eine Adaptation dieser Rune aus dem 19. Jahrhundert. Tiwaz hat nichts mit Gesetzen zu tun und ist auch kein modernes Konzept von Gerechtigkeit, sondern ein persönlicher Moralkodex. Wir alle kennen jemanden, der tut, was getan werden muss, dafür sorgt, dass die Menschen um ihn herum in Sicherheit sind, und nach seinem eigenen Moralkodex handelt, auch wenn er sich vielleicht nicht an die Gesetze hält. Das Gesetz von Tiwaz besteht darin, entgegen allen Widerständen das Richtige zu tun – gegen den Bau von Ölpipelines auf gestohlenem Grund und Boden zu protestieren, sich gegen Rowdys zu wehren und das zu tun, was für die eigene Gruppe, den eigenen Stamm oder Clan richtig ist.

Damit meine ich keine Nationalstaaten, sondern Gruppen aus bis zu 150 Personen – also die Größe menschlicher Gemeinschaften, die sich im Lauf unserer Evolution herausgebildet hat. Die Gruppe, der wir angehören, besitzt ihre eigenen Moralvorstellungen und Regeln, die auf unseren eigenen Entscheidungen beruhen. Tiwaz bedeutet, diese Regeln aufrechtzuerhalten – nicht durch Zwang, sondern indem man das Richtige tut.

Eine Beziehung zu Tiwaz aufbauen

Der Aufbau einer Beziehung zu Tiwaz kann sehr schwierig, aber auch extrem leicht sein – je nachdem, wie du die Regeln der Kultur siehst, in der du lebst.

Wenn du in einer Welt lebst, die deine Wertvorstellungen und Überzeugungen infrage stellt, ist es vielleicht sehr schwierig, daran festzuhalten; doch ein ständiger Verrat an deinen persönlichen Werten kann zu Ängsten und Depressionen führen.

Tiwaz ist eine starke Rune, die dir dabei helfen wird, im Einklang mit deinen Wertvorstellungen zu handeln, wenn alle um dich herum ins Straucheln geraten. Das ist vor allem dann hilfreich, wenn es in der Gesellschaft einen Stressfaktor gibt, da die Menschen es mit der Moral oft nicht mehr so genau nehmen, wenn sie Angst haben oder sich einer Bedrohung gegenübersehen. Eine gute Faustregel lautet: »Verhalte dich nicht so, wie andere Menschen sich deiner Meinung auch nicht verhalten sollten.«

Der Schlüssel zur Arbeit mit Tiwaz liegt darin, deinen Wertvorstellungen und Überzeugungen treu zu bleiben und zu akzeptieren, dass diese sich ändern können, wenn du selbst dich veränderst, weiterentwickelst und etwas dazulernst. Wenn du jedoch von einem Tag auf den anderen deine Meinung änderst, macht dich das zu einem Menschen, dem man nicht vertrauen kann. Nur wenn du konsequent zu deinen Werten und Überzeugungen stehst, kannst du eine gute Beziehung zu Tiwaz aufbauen.

Recht und Unrecht im alten Skandinavien

In der Wikingerzeit war Mord illegal, und darauf stand eine sehr hohe Strafe. Allerdings definierte man dieses Vergehen damals anders als heute: Mord bedeutete, jemanden aus dem Hinterhalt zu überfallen oder von hinten anzugreifen und zu töten. Wenn man einem Menschen auf der Straße gegenüberstand und ihn in einem Kampf von Angesicht zu Angesicht tötete, war das kein Mord, sondern Tötung. Das wurde zwar auch bestraft, aber die Strafe dafür fiel weniger streng aus, weil man Töten für etwas hielt, was nun einmal ab und zu passierte.

Mach dir bewusst, dass andere Menschen die Welt vielleicht nicht so sehen wie du. Gibt es in deiner Kultur beispielsweise einen Unterschied zwischen Tötung und Mord?

Wenn Tiwaz auftaucht

- Was hat in deiner Werteskala oberste Priorität?
- Wann fühlst du dich in deiner Ehre angegriffen?
- In welcher Hinsicht werden deine Wertvorstellungen oder Überzeugungen zurzeit infrage gestellt?
- Was hält dich davon ab, nach deinen Überzeugungen zu handeln?

Wenn Tiwaz dir in der freien Natur begegnet, weist diese Rune auf eine Handlung oder Vorgehensweise hin, die deine Werte wahrscheinlich infrage stellen wird. Diese Rune könnte also im wahrsten Sinn des Wortes ein Pfeil sein, der auf die

Situation oder die Lösung verweist. Achte darauf, wie und in welchem Kontext sie sich zeigt!

In einem Reading deutet Tiwaz darauf hin, dass die Antwort auf die Fragestellung des Klienten etwas mit Ehre zu tun hat. Handelt er zurzeit nicht nach seinen Wertvorstellungen und Überzeugungen, oder werden diese Werte von außen angezweifelt? In jedem Fall wird das Festhalten an den eigenen Überzeugungen ein Teil der Lösung sein.

Tiwaz-Meditation

Das Richtige zu tun, ist oft schwierig und erfordert ständiges Üben. Diese Meditation, die du jeden Tag machen kannst, wird dir dabei helfen.

Rufe dir, wenn du am Ende des Tages im Bett liegst, alles ins Gedächtnis, was du im Laufe des Tages - und zwar *nur* während des Tages - getan hast und was *nicht* deinen Überzeugungen und Wertvorstellungen entspricht. Überlege dir leidenschaftslos und ohne jeden Zorn, warum du so gehandelt hast. Frage dich, was dieses Verhalten verursacht hat. Denke daran, dass niemand dich zu etwas zwingen kann - es sei denn, man hält dir eine Pistole an den Kopf.

Finde heraus, warum du das Gefühl hattest, auf eine Weise handeln zu müssen, die deinen Wertvorstellungen widerspricht. Überlege dir, in welcher Hinsicht deine Bedürfnisse nicht erfüllt wurden oder wo du mehr Unterstützung gebraucht hättest. Hattest du Hunger? Durst? Oder Angst? Hattest du das Gefühl, unter Druck zu stehen? Um welche Unterstützung hättest du bitten können, um nicht so handeln zu müssen?

Was kannst du aus dieser Situation lernen, um dich in Zukunft vielleicht nicht mehr so zu verhalten?
Lerne etwas daraus, schreibe es in dein Tagebuch, lass die Situation dann hinter dir und führe dein Leben weiter.

Affirmation

»Ich bleibe mir und meinen Werten und Überzeugungen stets treu.«

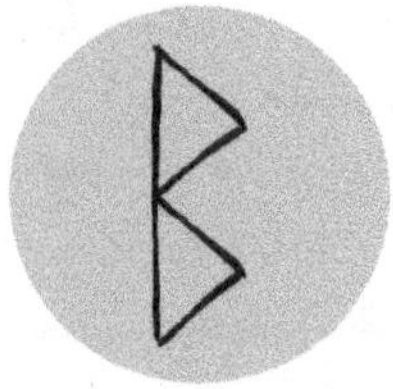

BERKANAN

BER-KARN-AN

Laut
Das »b« wie in »Biene«, »Birke« oder »Boden«.

Inspiration
Erneutes Wachstum.

Geschenk
Genesung.

Herausforderungen
Rückzug aus der Gesellschaft.

Altes Runengedicht

> *Beorc byþ bleda leas, bereþ efne swa ðeah*
> *tanas butan tudder, biþ on telgum wlitig,*

heah on helme hrysted fægere,
geloden leafum, lyfte getenge.

Die Birke hat keine Triebe;
ihre Ruten tragen keine Früchte;
Glänzende hohe Zweige, eine hohe Krone,
reich mit Blättern bewachsen, ragt sie bis in den Himmel hinein.

Berkanan hat zwei verschiedene Aspekte: die Birke und den Bären. Beide haben ähnliche Energien, zwischen denen es aber doch feine Unterschiede gibt.

Die Birke macht den Boden fruchtbarer, auch wenn er durch Waldbrände stark verbrannt ist oder viele Kiefern darauf gewachsen sind und ihn sauer gemacht haben. Dieser »Pionierbaum« gibt dem Boden mit den Enzymen in seinen Wurzeln neue Kraft, sodass Eiche, Esche, Erle und andere Waldbäume einen fruchtbaren Boden vorfinden, auf dem sie nachwachsen können.

Berkanan = Birke ist also ein Akt der Erneuerung und Regeneration.

Der andere Aspekt von Berkanan – der Bär (*bjønan)* – hängt eng damit zusammen. Bären wurden in der Wildnis des eisigen Nordens sowohl gefürchtet als auch respektiert – von den Braunbären im Süden bis zu den Eisbären auf den Inseln im hohen Norden. Leider wurden die einheimischen europäischen Bären vor 1000 Jahren in weiten Teilen des Kontinents fast bis zur Ausrottung gejagt.

Bären können große Entbehrungen ertragen; dann ziehen sie sich in ihre Höhle zurück, um sich auszuruhen, geheilt zu werden und in dieser sicheren Umgebung ihre Jungen zu gebären. Diese unterirdische Heilung ist eine mächtige Resonanz von Berkanan.

Berkanan = Bär ist die Zeit, die wir vor unserer Regeneration in der Höhle verbringen – die Resilienz vor der Erneuerung.

Berkanan in der heutigen Zeit

In unserem modernen Leben ist Berkanan die Energie, die eine toxische Umgebung in ein fruchtbares Umfeld verwandelt. Damit eignet sie sich hervorragend für Büros und andere Arbeitsbereiche, in denen eine toxische Atmosphäre herrscht. Denke daran, dass die Birke zwanzig Jahre braucht, um zu wachsen! Mit dieser Rune kann man also keine schnellen Ergebnisse erzielen; doch Berkanan ist die Energie vieler kleiner Veränderungen, die mit der Zeit Heilung bringen.

In einem Büro mit toxischer Atmosphäre besteht die Berkanan-Energie darin, den Kopf einzuziehen, um die nötige Widerstandskraft zu sammeln, bevor man sich der nächsten Aufgabe widmet. Diese Rune steht für den Winterschlaf, der uns die Toxizität überstehen lässt.

Beide Aspekte von Berkanan erfordern Ausdauer und Durchhaltevermögen, während man unterschwellig die nötige Heilungsarbeit leistet. Berkanan ist diese Energie der Widerstandsfähigkeit, Erneuerung und Regeneration.

Eine Beziehung zu Berkanan aufbauen

Am besten ist es, diese Rune auf Gegenstände zu schreiben oder anzubringen, die man immer bei sich trägt, zum Beispiel Hausschlüssel oder eine Handyhülle. Auf diese Weise begleitet dich die heilende Resonanz von Berkanan auf Schritt und Tritt.

- Wenn es dir schwerfällt, zu Ruhe und Erholung zu finden, lege die Berkanan-Rune auf dein Bettgestell oder klebe sie an die Unterseite deines Sofas. Sie bringt die Energie der Bärenhöhle an die gemütlichsten Plätze in deinem Zuhause und hilft dir, Heilung zu finden, dich zu erholen und wieder zu neuem Leben zu erwachen.
- Wenn du zu den Menschen gehörst, die sich ein bisschen *zu gern* ausruhen und erholen, könnte es sich lohnen, das Berkanan-Symbol auf einem Sticker, einem Stück Holz oder einem anderen Gegenstand anzubringen, den du in einen Raum hineinbringen kannst, um dir ein bisschen Ruhe und Erholung zu gönnen, dann aber auch wieder daraus entfernen kannst, wenn es Zeit ist aufzustehen und an die Arbeit zu gehen.
- Bringe Berkanan überall dort an, wo es Stress gibt oder du in eine verfahrene Situation geraten bist, weil die Berkanan-Energie die Fähigkeit besitzt, diese negativen Zustände in etwas Hilfreicheres (zum Beispiel Handeln oder Heilung) umzuwandeln. Du hast die Wahl. Stell einfach deine Absicht klar.
- Lege die Rune auf deine Wasserflasche. Sie wird die Energie der Verjüngung und Heilung in dem Wasser aktivieren; und wenn du es trinkst, erwacht diese Energie auch in deinem eigenen Inneren zum Leben.

Wenn Berkanan auftaucht

Wenn dir Berkanan in der freien Natur begegnet, steht diese Rune für eine Phase der Regeneration und Erholung. Achte darauf, an welchen Situationen du kleine Veränderungen vornehmen kannst, um das Toxische in etwas Fruchtbares zu verwandeln – minimale Verbesserungen, die die Welt mit der Zeit zu einem besseren Ort machen.

Berkanan in der freien Natur könnte aber auch ein Hinweis darauf sein, dass du dich jetzt auf einen bevorstehenden Sturm vorbereiten solltest, indem du (im übertragenen Sinn) Winterschlaf hältst.

In einem Reading bedeutet Berkanan, dass kleine Veränderungen stattfinden müssen, um das Problem des Klienten zu lösen. Das Gift muss alchemisiert werden, um das gewünschte Ergebnis zu erzielen. Diese Rune könnte aber auch bedeuten, dass man etwas Unangenehmes überstehen oder sich so lange davor verbergen muss, bis es vorüber ist, um neues Wachstum zu ermöglichen.

Berkanan-Meditation

Berkanan ist eine Erdrune, da die gesamte Birken- und Bärenenergie dem unterirdischen Bereich zugeordnet ist. Ein Erdritual ist daher der beste Weg, um mit dieser Energie in Kontakt zu treten. Hier zwei Beispiele dafür:

Das erste Ritual kannst du von deinem Bett oder Sofa aus durchführen:

- Nimm ein Stück Birkenholz, halte es in der Hand und meditiere über Berkanan und die Birke.
- Halte das Holz in deiner nicht dominanten Hand, während du die Rune in dein Tagebuch zeichnest oder schreibst.

- Atme langsam ein und aus und lass die Rune durch dich sprechen.

Für das zweite Ritual musst du nach draußen gehen:

- Suche nach einer Birke. In Europa stehen diese Bäume meist in älteren Wäldern, haben kleine ovale oder elliptische Blätter und einen schlanken, silbrigen Stamm. Es gibt sie auf der ganzen Welt; du kannst also leicht im Internet recherchieren, wo du eine Birke findest.
- Sobald du fündig geworden bist, bleib stehen, atme einmal tief durch und frage die Birke dann, ob du näher treten darfst. Ein »Ja« wird dir durch eine Veränderung in deiner Umgebung angezeigt: zum Beispiel durch einen auffliegenden Vogel, einen herabfallenden Zweig oder eine Veränderung des Windes. Du wirst dieses Zeichen erkennen.
- Wenn du die Erlaubnis dazu erhalten hast, geh zu deinem Baum hin und umarme ihn. Birken haben oft genau die richtige Größe dafür, sodass du sie vielleicht mit deinen Armen umspannen kannst.
- Nimm dir ein paar Minuten Zeit, um die Energie und das ganze Wissen dieses Baums zu spüren.
- Sobald du innerlich bereit dazu bist, danke ihm dafür, dass er seine Energie mit dir geteilt hat.
- Beschreibe diese Erfahrung in deinem Tagebuch.

Affirmation

»Ich bin resilient.
Ich bin nicht meine Umgebung.«

EHWAZ

EH-WAZ

Laut

Das »e« wie in »Elle«, »Pferd« und »essbar«.

Inspiration

Ein Freund, zu dem du Vertrauen hast.

Geschenk

Wahres Vertrauen und echte Kameradschaft.

Herausforderungen

Übermäßige Abhängigkeit von anderen Menschen.

Altes Runengedicht

Eh byþ für eorlum æþelinga wyn,
hors hofum wlanc, ðær him hæleþ ymb[e] welege on wicgum wrixlaþ
spræce und biþ unstyllum æfre frofur.

Das Ross dient dem Fürsten und Edelmann zur Freude;
das Schlachtpferd, arrogant in der Halle, wo die reichen Helden Worte miteinander wechseln.
Und es ist immer ein Zufluchtsort für die Rastlosen.

Früher ritt man nicht auf Pferden in die Schlacht, so wie wir es heute in Filmen sehen. Es gab keine Kavallerieangriffe. Außerdem waren die Pferde damals viel kleiner und erinnerten in ihrer Größe eher an Islandponys.

Das Islandpferd ist der vertrauenswürdigste Diener.
Altes isländisches Sprichwort

Diese Rune sieht aus wie zwei Pferdeköpfe, die ihre Nasen aneinanderhalten; und im Protoindoeuropäischen (der Sprache unserer alten Vorfahren) bedeutet *Ehwaz* »der Schnelle«. Ehwaz steht für die Schnelligkeit und Kraft des Pferdes und für das Vertrauen, das man in ein anderes Wesen setzt – die göttliche Verbindung zu diesem anderen Geschöpf.

»Rastlos« zu sein, wie es in dem Gedicht heißt, ist eine sehr wichtige Fähigkeit – schnell reisen zu können ist eine bahnbrechende Errungenschaft. Die alten Römer wussten das; ihre Legionen setzten einheimische Kavallerie ein, um große Gebiete, die die Männer zu Fuß nicht bewältigen konnten, unter ihre Kontrolle zu bringen. Politische, kriegerische, persönliche und spirituelle Grenzen zu erweitern, das gehört ebenfalls zu den Fähigkeiten der Ehwaz-Energie.

Wenn man sich schneller bewegen kann als andere Menschen, hat man mehr Freiheit und auch mehr Möglichkeiten.

Außerdem kann man weiter sehen, wenn man auf einem Pferd sitzt. Sogar auf einem Pony reicht dein visueller Horizont weiter als derjenige der Bauern, die neben dir hergehen. Genau deshalb waren Pferde früher der Elite vorbehalten, vor allem in Norwegen und Island. Denn ein Tier zu halten, das nicht gemolken oder zur Arbeit auf einem Bauernhof herangezogen werden konnte, erforderte erhebliche Ressourcen. Die Möglichkeit, seine persönliche Perspektive durch Reisen zu erweitern (und zwar schneller, als die Leute zu Fuß gehen konnten), bot auch eine gute Gelegenheit, um die Persönlichkeit zu entwickeln und sich einen guten Ruf zu erarbeiten.

Ehwaz steht für dieses Privileg des Reisens und der Fähigkeit, über die Grenzen zwischen den Welten hinauszuschauen und sie zu überwinden.

Auch Pferde gehören zur Magie der *Völva* und symbolisieren ihre Fähigkeit, sich zwischen den Welten oder Existenzebenen hin und her zu bewegen oder am *Wyrd* entlangzureisen. Die Assoziation zwischen mächtigen Frauen und Pferden in der Wikingerzeit ist durch Ausgrabungen von Grabkammern belegt. Im schwedischen Birka zum Beispiel wurde eine Frau mit kostbarem Schmuck, einem Schwert, einem Spinnrocken und zwei Pferden beerdigt. Das könnte das Grab einer mächtigen *Völva* gewesen sein, die die Ehwaz-Magie für ihre spirituellen Reisen zwischen den Welten nutzte.

Ehwaz in unserer heutigen Zeit

In unseren Tagen wird die Ehwaz-Energie oft und fast schon gedankenlos eingesetzt. Schnell mal zu einer anderen Küste oder auf einen anderen Kontinent, in eine andere Kultur oder ein anderes Land zu fliegen, das ist heute eine Selbstverständlichkeit. Wir wissen Fernreisen nicht mehr so zu schätzen wie die Menschen der Antike, in der man sich selten weiter als fünfzig Kilometer von seinem Zuhause entfernte.

Damals dauerte die Reise von einem Ende Europas zum anderen Monate und ging mit vielen Gefahren einher; und genau darin liegt der Zauber dieser Rune. Wenn die Erfahrung des Reisens dich nicht an deine Grenzen bringt, dann bleiben diese Grenzen statisch. Ehwaz steht für die Erfahrung, an seine Grenzen zu gehen und dadurch seinen Horizont zu erweitern. Das muss nicht unbedingt bedeuten, dass man ein halbes Jahr lang mit dem Rucksack durch Asien reist; die gleiche Energie kann man auch bei einem Kleinkind beobachten, das sich nicht mehr ans Bein seiner Mutter klammert, sondern allein zur Küchentür geht. Jedes Mal, wenn du dich bemühst, mehr zu sehen, mehr zu fühlen, mehr zu erleben, arbeitest du mit der Ehwaz-Energie.

Ehwaz ist aber auch die Reise in die Geisterwelt, auf die man sich mithilfe von Trommeln, psychedelischen Drogen und/oder anderen Hilfsmitteln begibt. Wenn wir von unserer angeborenen menschlichen Fähigkeit Gebrauch machen, in ein anderes Reich zu reisen oder uns in den Körper eines anderen Lebewesens hineinzuversetzen, nutzen wir die Magie von Ehwaz. Astralprojektion, Geistreisen und spirituelle Heilung – all diese Aktivitäten werden durch die Ehwaz-Energie befördert.

Egal, in welchem Kontext – Ehwaz ist das Abenteuer, sich schnell bewegen zu können, um seine Perspektive zu verändern.

Eine Beziehung zu Ehwaz aufbauen

Im Wesentlichen geht es bei Ehwaz darum, die eigene Weltsicht zu erweitern. Dazu gibt es viele Möglichkeiten:

- Setz dich in die oberste Etage eines zweistöckigen Busses oder begib dich ins oberste Stockwerk eines Gebäudes oder einer Touristenattraktion.
- Bringe Ehwaz auf deinem Reisepass, deinem Koffer oder deiner Reisetasche an, damit dir die Energie und die Erfahrungen zufließen, die du für deine Abenteuer brauchst.
- Falls du noch kein eigenes Pferd hast, suche dir jemanden, der dich reiten lässt – entweder einen Freund oder einen professionellen Reitstall. Das ist eine großartige Möglichkeit, deine Pferdeenergie zu aktivieren. Spüre beim Reiten die Kraft dieses Tiers und freue dich über die schöne Aussicht und das Gefühl der Verbundenheit, das entsteht, wenn du dich im Gleichklang mit dem Tier bewegst.
- Trage Ehwaz an einem Armband oder deiner Kleidung, um die Energie dieser Rune anzuziehen.
- Überschreite bewusst deine Grenzen: neues Essen, neue Menschen, neue Orte … Das ist eine sehr wirksame Methode, deine Welt zu erweitern.
- Begib dich im Auto, mit dem Fahrrad oder vielleicht sogar auf dem Pferderücken auf eine Abenteuerreise.

Wenn Ehwaz auftaucht

Wenn du Ehwaz in der freien Natur entdeckst, ist das ein Zeichen dafür, dass dir Energie zufließt, die deinen Horizont erweitern und dich auf ein Abenteuer schicken könnte.

In einem Reading deutet Ehwaz darauf hin, dass Teamarbeit erforderlich ist und/oder dass du dich von der jetzigen

Situation distanzieren solltest. Vielleicht ist ein Perspektivenwechsel erforderlich? Oder das Überschreiten von Grenzen? Wie gesagt: Bei einem Reading kommt es immer auf den Kontext an.

Ehwaz-Meditation

Diese Meditation besteht aus zwei Teilen. Du kannst entweder nur einen oder beide Teile ausführen (oder weder noch).

Teil 1

- Besorge dir eine Schüssel. Ich benutze für diese Meditation eine Schüssel aus temperaturbeständigem Glas, weil sie leicht zu reinigen ist.
- Fülle die Schüssel zur Hälfte mit Wasser und gib dann so viel schwarze Tinte hinein, bis das Wasser schwarz wird. Aber achte darauf, nichts davon zu verschütten - denn das ergibt eine Riesensauerei!
- Zeichne oder schreibe dreimal hintereinander die Rune Ehwaz in dein Tagebuch.
- Dann schau in die Schüssel hinein in der Absicht, deine Grenzen zu erweitern. Auf eine Reise zu gehen.
- Nimm dir ein paar Minuten Zeit und versenke deinen Blick in die tiefschwarze Flüssigkeit, ohne an etwas Bestimmtes zu denken.
- Im Anschluss daran schreibst du in dein Tagebuch, was dir dabei durch den Kopf gegangen ist.

Teil 2

Für den nächsten Teil dieser Meditation brauchst du schon ein bisschen mehr Zubehör: ein bequemes Nest (zum Beispiel eine Yogamatte oder Decke); die Möglichkeit, eine MP3-Datei abzuspielen; etwas Beifuß oder irgendein anderes Mittel, um deine Meditationsraum zu reinigen; und dein Tagebuch.

- Schreibe dreimal hintereinander in dein Tagebuch, was du auf deiner Reise sehen möchtest. Fang dabei ganz klein an und arbeite dich dann langsam zu schwierigeren Aufgaben hoch, zum Beispiel von »Wo habe ich meine Schlüssel liegen lassen?« bis zu »Wie schaffe ich es, befördert zu werden?«.
- Zeichne oder schreibe dreimal hintereinander Ehwaz in dein Tagebuch und auf deine beiden Handrücken. Du kannst dafür Make-up verwenden. Ich benutze einen Filzstift, aber der lässt sich nur schwer wieder entfernen.
- Reinige deinen Meditationsraum energetisch. Ich verwende dafür Beifuß-Räucherstäbchen (die einen sehr intensiven Geruch verströmen).
- Werde dir in Gedanken darüber klar, zu welchem Zweck du unterwegs bist, und baue dir ein Nest, in dem du bequem liegen kannst. Ich benutze dazu eine Yogamatte, Schaffelle, eine Decke und eine Augenmaske, schiebe mir eine Nackenrolle unter die Knie und ein Kissen unter den Kopf.
- Lies dir die Absicht, die du in dein Tagebuch geschrieben hast, noch einmal durch.
- Im Abschnitt »Informationsquellen« am Ende dieses Buches findest du einen Link zu einem kostenlosen Trommel-Track.
- Mach es dir in deinem Nest gemütlich. Sobald du mit deinen Vorbereitungen fertig bist, starte den Trommel-Track.
- Schließe die Augen und beginne langsam und tief durchzu-

atmen. Folge im Geist den Trommelschlägen und begib dich auf deine Meditationsreise. Denke daran, dass du selbst bestimmst, was auf dieser Reise passiert! Wenn dir dabei irgendetwas nicht gefällt, befiehl deinem Geist, in deinen Körper zurückzukehren.

- Im Anschluss an diese Meditationsreise verändert sich der Rhythmus und ruft dich in deinen Körper zurück. Falls dein Körper inzwischen eingeschlafen sein sollte - kein Problem: Dein Geist wird trotzdem in ihn zurückkehren.
- Schreibe nach der Rückkehr in deinen Körper in dein Tagebuch, was du auf dieser Reise erlebt hast.

Lass dich nicht entmutigen, wenn dir diese Meditation nicht gleich auf Anhieb gelingt! Schließlich war es dein erstes Mal. Außerdem gibt es ein paar Störfaktoren, die solche Meditationsreisen erschweren können: zum Beispiel die Einnahme von Medikamenten, Stress, Angstzustände und kleine Kinder oder Hunde, die dir auf den Schoß springen.
Wenn dieser Meditationsprozess nichts für dich ist, verzichte einfach darauf und lies weiter.

Affirmation

»Ich darf meine Grenzen und meine Perspektive erweitern.«

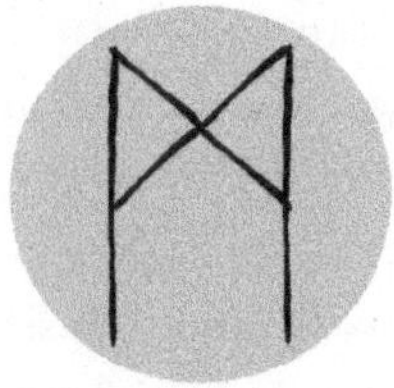

MANNAZ

MAN-AHZ

Laut
Der »m«-Laut wie in »Mann«, »Mensch« oder »Mama«.

Inspiration
Die Möglichkeit, alles zu erreichen.

Geschenk
Die Kraft des Menschseins.

Herausforderungen
Sich mit den Kleinigkeiten des Lebens verzetteln.

Alter Runentext

> *Man byþ on myrgþe his magan leof: sceal þeah anra gehwylc oðrum swican, forðum drihten wyle dome sine þæt earme flæsc eorþan betæcan.*

Ein Mann ist eine Freude für seine geliebte Sippe; und doch wird er sie alle im Stich lassen, wenn der Herr sein erbärmliches Fleisch dazu verdammt, in die Erde gelegt zu werden.

Was für ein nettes, heiteres Gedicht! Man merkt ihm den Einfluss der christlichen Mönche an, die es niedergeschrieben haben. Ihnen war es wichtig, den christlichen Gott als größte Macht darzustellen, die es gab; das versuchten sie zu erreichen, indem sie den Runentext in ihrer biblischen Sprache abfassten und die Macht vom »Mann« auf den »Herrn« (Gott) verlagerten.

Bei den Runen haben wir es mit einer Sprache und einem Weltbild zu tun, die 1500 Jahre alt sind. Denke nur einmal daran, wie sehr sich unsere Sprache allein in den letzten zwei Jahrzehnten weiterentwickelt hat! Die Runen gehen auf eine Zeit zurück, in der »Mann« nicht nur das Männliche, sondern »Menschheit« bedeutete.

Dem Menschen wohnen zwei Hauptkräfte inne – körperliche und spirituelle. Das ist zwar eine grobe Vereinfachung, aber schließlich besteht der Zweck dieses Buches ja auch darin, dir ein einfaches Verständnis der Runen zu vermitteln. Es gibt also physische Kräfte (zum Beispiel alles, was sich im Körper befindet oder darin entsteht: Sinne, Geist, Gedanken, Muskeln usw.) und spirituelle Kräfte, also alles, was über den Körper hinausgeht – Energie, übersinnliche Fähigkeiten usw.

Die altnordischen Völker kannten diese Kräfte und hatten keine Angst davor, sie einzusetzen. Im frühen Mittelalter führten die Menschen ein hartes Leben. Damals musste man *alle* seine Sinne einsetzen, um Gefahren zu erkennen: zum Beispiel einen aufkommenden Sturm rechtzeitig wahrzunehmen und zu spüren, ob man im Dunkeln beobachtet wurde.

Bei dieser Rune geht es um die Kraft des Menschseins, den menschlichen Geist. Denke nur einmal an die vielen Videos von Menschen, die alle Hebel in Bewegung setzen, um ein Kätzchen zu retten, das in einem Erdloch feststeckt; an Heiratsanträge, die dein Herz zum Schmelzen bringen; an heroische Taten oder Akte des Glaubens, die uns stolz darauf machen, ein Mensch zu sein. All das gehört zum Menschsein.

Menschen sind allerdings auch zu grauenhaften Taten fähig – wir sollten also keine rosarote Brille aufsetzen, sondern die Dinge so sehen, wie sie sind!

Und es gibt auch einen mystischen Aspekt des Menschseins: unsere *magischen Fähigkeiten* (sei es *Galdur* oder Sithur) und die wunderbare Gabe, Metall zu formen oder Musik zu erschaffen. Die Magie des Menschseins. Diese Magie ist es, die die Mannaz-Energie anzieht.

Odin und Freya werden oft als Archetypen dieser Rune dargestellt, weil sie diese Magie verkörpern: Schönheit, Lust, Führerschaft, Krieg, Wissen und spirituelle Reisen. Mannaz verbindet all diese menschlichen Eigenschaften miteinander – im positiven wie im negativen Sinn.

Mannaz in der heutigen Zeit

Inzwischen hat die Kraft der Menschheit überhandgenommen: Macht, Privilegien und Anspruchsdenken spielen in unserem Leben eine zu wichtige Rolle.

Daher liegt die Bedeutung von Mannaz in der heutigen Zeit darin, wieder mit uns selbst in Kontakt zu treten. Nur so können wir uns die (inneren und äußeren) Ressourcen verschaffen, die wir brauchen, um dafür zu sorgen, dass unser Planet auch weiterhin funktionsfähig bleibt.

Heutzutage können wir selbst entscheiden, wie wir uns als Mensch präsentieren; und dadurch vergrößern wir unsere Macht. Die Energie, für die wir uns entscheiden, kann die persönliche körperliche Energie sein, die man im Fitnessstudio aufbaut, und/oder die spirituelle Energie, die man durch Meditation oder Gebet gewinnt. Jede dieser beiden Energieformen stärkt unsere menschliche Macht auf unterschiedliche Weise. In den letzten Jahrhunderten haben wir die physischen Aspekte des Menschseins sehr gut in den Griff bekommen. Jetzt ist unsere Chance gekommen, die notwendige Energie aufzubauen, um eine »höhere« Ebene zu erreichen.

Aber denke daran, dass es bei Mannaz nicht nur um das einzelne Individuum geht, sondern um die sieben Milliarden Menschen auf unserem Planeten *und* um alle, die vor uns da waren und nach uns noch kommen werden. Auch wenn uns eine Veränderung unmöglich erscheinen mag, lässt sich das Ungleichgewicht von Mannaz in unserer heutigen Zeit durch winzige, schrittweise Veränderungen langsam, aber sicher doch korrigieren. Ein ganz banales Beispiel dafür ist das Gewichtheben: Wir können nicht gleich beim ersten Mal, wenn wir ins Fitnessstudio gehen, alle Weltrekorde brechen, und durchtrainierte Bauchmuskeln bekommt man nicht über Nacht. (Obwohl ich mir manchmal wünsche, es wäre so.) Muskelkraft entsteht nur durch unermüdlichen Einsatz: dadurch, dass man seinen Körper in Bewegung hält und seine Muskeln regelmäßig aufbaut und trainiert. Geistige Stärke entsteht auf die gleiche Weise, nämlich durch Meditation: Je öfter wir meditieren, umso besser werden wir darin.

Im Grunde ist Mannaz unsere Fähigkeit, ein Kanal für die Energie des Universums zu sein. Mit der substanzlosen Energie der Welt in Verbindung zu treten, zu spüren, was gerade geschieht, und zukünftige Ereignisse vorauszusagen – auch das ist demnach Mannaz-Magie.

In unserem persönlichen Leben bedeutet Mannaz, dass uns bewusst wird, wo unsere Probleme liegen, und dass wir mit unseren großartigen menschlichen Fähigkeiten daran arbeiten, uns mit der Zeit immer mehr zu optimieren und unsere Aufgaben immer besser zu erledigen.

Eine Beziehung zu Mannaz aufbauen

Mannaz ist eine sehr starke Rune, mit der du eine Beziehung zu deiner persönlichen Kraft und Magie aufbauen kannst. Es gibt zwar ein paar traditionelle Methoden dafür; doch wir sind alle einmalige Individuen. Das gilt auch für die Art und Weise, wie wir mit den wunderbaren Kräften in Kontakt treten, die uns in die Wiege gelegt worden sind. Falls das, was ich hier vorschlage, bei dir nicht funktionieren sollte, dann denke daran: Es gibt unendlich viele Wege, um Zugang zu deiner Kraft zu finden! Experimentiere und spiele einfach ein bisschen herum. So haben es die Menschen früher auch gemacht.

- Zuallererst musst du deinen physischen Körper stärken. Damit meine ich nicht, dass du unbedingt wie ein Bodybuilder aussehen, sondern dass du fit und gesund genug sein solltest, um dein Leben zu leben – ohne dir Gedanken darüber machen zu müssen, ob du eine Treppe hinaufsteigen kannst oder ob du den Bus noch rechtzeitig erreichst. Unsere physische Gestalt ist das Gefäß für unsere spirituelle Energie. Je besser du deinen Körper auf das Leben einstimmst, das du führen möchtest, umso stärker kann deine spirituelle Energie, deine Magie, dein *Ond* fließen. Das bedeutet nicht, dass du unbedingt ein Ausbund an Gesundheit und körperlichem Wohlbefinden sein musst, um deine magischen Fähigkeiten nutzen zu können; ich will dich nur dazu ermutigen, deinen Körper zu optimieren, um so leben zu können, wie du es möchtest, und deine Energie und Magie so zu kanalisieren, wie du es brauchst. Du kennst deine Grenzen; bewege dich in ihrem Rahmen. Doch jedes Mal, wenn du dich in körperlicher, geistiger oder emotionaler Hinsicht verbesserst, wirst du (wenn du darauf achtest) feststellen, dass dein *Ond* in neue Bereiche hineinfließt: Vielleicht fällt es dir dann leichter, Menschen zu lesen oder dich als Orakel zu betätigen; vielleicht entwickelst du auch mediale Fähigkeiten oder eine intuitive Begabung für die Behandlung von Krankheiten. Dadurch, dass du dein physisches Gefäß auf deine ganz persönliche Art und Weise optimierst, verbessert sich auch deine spirituelle Energie.

- Zeichne oder male die Mannaz-Rune auf dein Trainingstagebuch oder deine Sporttasche. Schreibe sie auf deinen Essensplan. Benutze sie an Orten und auf Gegenständen, die dir dazu verhelfen, mehr du selbst zu werden – dich zu jenem Ich zu entwickeln, zu dem deine Seele dich auf den Pfaden des *Wyrd* hinzieht.
- Wenn du die Mannaz-Rune auf Gegenständen anbringst, die dir wichtig sind und die du immer bei dir trägst, wird es dir leichter fallen, der spirituelle Mensch zu werden, der du im Grunde deines Herzens bereits bist. Ich trage diese Rune an der Innenseite meines Uhrarmbands und an einem Anhänger um den Hals. Sie passt auch gut auf Trainingshand-

schuhe oder ein Springseil. Außerdem dekoriere ich die rituellen Objekte, die ich herstelle (beispielsweise Götterstatuen oder Opferschalen), mit Mannaz.

Wenn Mannaz auftaucht

Egal, ob Mannaz in einem Reading oder per Zufall auftaucht – diese Rune ist stets ein Aufruf zum Handeln für dein spirituelles, magisches Ich. Wenn du sie siehst, vertraue auf deine Intuition und suche nach subtilen Zeichen für den Einfluss dieser Energie in deinem Leben. Begegnen dir zum Beispiel immer wieder drei Elstern? Oder triffst du auf mehrere Läufer mit der gleichen Kappe? Was will das Universum oder dein magisches Ich dir damit sagen?

Inwiefern ignoriert der Klient, für den du dein Reading durchführst, den Ruf des Spirituellen? Den Ruf des *Wyrd?* Diese Rune deutet auf einen Mangel an spiritueller oder physischer Energie hin. In der Fragestellung deines Klienten wirst du Hinweise darauf finden, wo dieser Mangel liegt.

Mannaz-Meditation

Und nun geht es zur Sache! Das hier ist eine körperliche Meditation. Du brauchst dazu eine Yogamatte (oder etwas Ähnliches), einen Timer und dein Tagebuch.

- Schreibe oder zeichne Mannaz dreimal hintereinander in dein Tagebuch und versetze dich dann ein paar Minuten lang in die richtige geistige Verfassung für diese Rune, indem du dich auf die kommende sportliche Aufgabe konzentrierst.
- Und nun wirst du Liegestütze machen. Wenn es dir in deinem

bisherigen Leben gelungen ist, dich um solche Übungen zu drücken - Pech gehabt! Heute kommst du nicht darum herum. Lege dich bäuchlings auf deine Matte oder auf den Boden. Deine Unterarme zeigen nach vorn, die Ellbogen sind auf dem Boden aufgestützt, und deine Zehen bohren sich so fest wie möglich in die Matte oder den Fußboden.

- Hebe dich nun mit der Kraft deiner Bauchmuskeln vom Boden ab. Halte diese Position zehn Sekunden lang und rufe dabei »Mannaz«. (Du kannst den Namen der Rune natürlich auch ganz leise vor dich hin murmeln oder flüstern.)
- Wiederhole das ein paarmal. Du kannst diese Übung an den Grad deiner körperlichen Fitness anpassen, indem du dabei die Arme gerade ausstreckst (wobei die Finger nach vorne zeigen) oder dich auf den Boden kniest. Falls deine Körperkraft für die Liegestütze nicht ausreicht, kannst du sie dir erleichtern, indem du dabei entweder mit den Knien auf der Unterlage bleibst oder diese Übung im Stehen machst: Stütze dich mit den Händen an einer Wand ab, wobei deine Füße ein Stück von der Wand entfernt auf dem Fußboden stehen.
- Diese Meditation ist so hilfreich, weil du deinen Körper dabei immer wieder leicht belastest und auf diese Weise langsam Muskelkraft aufbaust. Also beginne mit zehn Sekunden pro Liegestütz und steigere diese Zeit allmählich nach Belieben. Ich schlage vor, drei Liegestütze zu machen und dann ein paar Minuten lang in deinem Tagebuch zu beschreiben, wie du dich fühlst.

Affirmation

»Ich bin stark.«

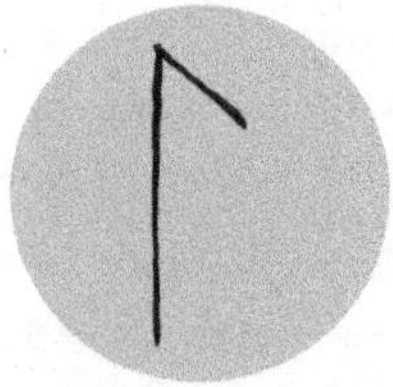

LAGUZ

LAH-GUUZ

Laut
Das »l« in »Last« oder »Liebe«.

Inspiration
Stell dich den Tiefen des Unbekannten.

Geschenk
Leben, Gesundheit.

Herausforderungen
Stagnation.

Altes Runengedicht

> *Lagu byþ leodum langsum geþuht,*
> *gif hi sculun neþan on nacan tealtum und hi sæyþa swyþe bregaþ*
> *und se brimhengest zäumt ne gym[eð].*

Das Wasser erscheint den Gefolgsleuten endlos,
wenn sie sich in einer schlingernden Barke hinauswagen, so
furchterregend sind die Wogen des Meeres,
und das Brandungsross achtet nicht mehr auf sein Zaumzeug.

Dieser Runentext enthält viele *Cennings:* vor allem den Hinweis darauf, dass Laguz Wasser ist. Wasser ist eine der drei Grundvoraussetzungen, die wir brauchen, um zu überleben; die anderen beiden sind Luft und Nahrung. Auf diesen drei Dingen können wir aufbauen, um alle Bedürfnisse zu befriedigen, die wir in unserem Leben haben; doch ohne sie sterben wir. Insofern bedeutet Laguz Leben.

Auch heute noch leben die Menschen gerne am Meer (mir selbst geht es auch so) – in erster Linie deshalb, weil es eine gute Nahrungsquelle ist und das Reisen relativ einfach macht. Vor allem, wenn man in das Dorf auf der anderen Seite der Bucht möchte oder (in der nordischen Weltsicht) den Fjord durchqueren will. In Fjorden ist das Meer relativ ruhig, und sie lassen sich viel leichter passieren als Berge.

Die Angst vor dem Wasser stammt aus einer Zeit, als Boote höchstens dreißig Meter lang, die Wellen auf dem offenen Meer dementsprechend hoch und die Ozeane unvorstellbar tief waren. Das gilt auch für die Fjorde: Der Sognefjord beispielsweise ist stellenweise über 1000 Meter tief. Auf dem offenen Meer war es gefährlich, nicht zu wissen, was sich unter einem befand, und die schiere Größe der Wale und Tintenfische, die möglicherweise neugierig werden könnten, war Furcht einflößend.

In gewisser Weise hat Wasser auch heute noch etwas Beängstigendes für uns. Dieses Element kann alles überdauern, was der Mensch erschaffen hat: Es frisst sich durch Stein und Metall hindurch, verschlingt Holz und zermalmt den härtesten Boden zu Brei. Wasser birgt eine ungeheure Kraft; das wussten schon die altnordischen Völker. Das Runengedicht spricht von der Angst vor dem Meer, die die Menschen in ihren Barkenrössern haben – der Angst davor, sich in einem Holzboot auf Gedeih und Verderb dem Ozean auszuliefern. Der Segen (und die Herausforderung) von Laguz besteht unter anderem darin, sich seinen Ängsten zu stellen und durch diese Konfrontation davon geheilt zu werden. Insofern ist Laguz ein Heiler – aber die Energie dieser Rune heilt uns nicht auf sanfte, behutsame Weise, sondern entspricht eher einem Sprung aus der Sauna ins eiskalte Wasser.

Wenn wir im Morast unserer eigenen Angst oder Krankheit feststecken, fällt es uns schwer, Heilung zu finden und weiterzuentwickeln. Laguz will uns aus dieser verfahrenen Situation herausholen und kann uns auf diese Weise Heilung und Wohlbefinden bringen.

Laguz in der heutigen Zeit

Wir wissen, dass wir nicht richtig denken, nicht richtig geheilt werden können und auch nicht richtig funktionsfähig sind, wenn unser Körper nicht genügend Flüssigkeit bekommt. Laguz bedeutet also Leben. Wenn wir gut mit Flüssigkeit versorgt sind, können wir besser leben: Unser Körper funktioniert besser, und unser Geist funktioniert besser. *Alles* funktioniert besser.

In unserem Leben zeigt sich der heilende Aspekt von Laguz in der Heilkraft von Infusionen und anderen flüssigen Medikamenten. Diese heilsame Wirkung geht jedoch über den rein klinischen Aspekt hinaus: Inzwischen weiß man, dass unser Körper und unser Gehirn im Wasser (vor allem in kaltem Wasser) besonders viele Glücksbotenstoffe produzieren. Freiwasserschwimmen ist eine wirksame Therapie gegen Depressionen und Angstzustände. Diese heilende Laguz-Energie wirkt auf die ursprünglichsten Bereiche der menschlichen Physiologie und Neuropsychologie ein. Aber lass dich nicht unvorbereitet aufs Kaltwasserschwimmen ein! Tritt einem Club bei, der diese Art von Schwimmsport praktiziert.

Eine Beziehung zu Laguz aufbauen

- *Durch Heilung:* Laguz ist ein mächtiger Verbündeter des Heilers, vor allem bei sehr tiefgehenden Heilungsprozessen, so wie sie bei psychischen Problemen erforderlich sind. Als ich noch als Krankenpfleger tätig war, stand diese Rune auf der Rückseite meines Mitarbeiterausweises. Du kannst alle Werkzeuge, die du zum Heilen benutzt, mit Laguz versehen. Ich habe diese Rune sogar auf meiner Wasserflasche angebracht, um beim Trinken jedes Mal einen Schluck von ihrer Resonanz abzubekommen.
- *Als Lösungsmittel:* Die Fähigkeit von Wasser, alles abzuwaschen oder zumindest so weit zu verdünnen, dass es inaktiv wird, ist eine starke magische Energie. Es gibt nichts, was das Meer nicht wegspülen kann. Wenn du also an einer emotionalen oder energetischen Blockade leidest, eignet sich die Laguz-Energie sehr gut dazu, dieses Hindernis zu untergraben oder aufzulösen.

Wenn Laguz auftaucht

Wenn Laguz in der freien Natur auftaucht, bedeutet das, dass es Tiefen gibt, die du erforschen kannst – sei es in emotionaler oder spiritueller Hinsicht. Jede tiefgehende Erforschung unseres eigenen Ichs befreit uns von Ängsten, sodass ein Heilungsprozess stattfinden kann. In der freien Natur könnte Laguz also eine Warnung vor etwas sein, was demnächst bevorsteht. Es kann aber auch einfach nur bedeuten, dass du gleich nass wirst. Oder dass der Wetterbericht Regen angesagt hat – also nimm einen Schirm mit!

In einem Reading bedeutet Laguz, dass Heilung gebraucht wird. Je nach der Fragestellung deines Klienten solltest du ein bisschen genauer hinschauen: Gibt es irgendeine Verletzung oder eine Angst, die der Klient ignoriert? Achte darauf, wo Ängste mit den Gedanken und dem Bewusstsein des Klienten ihr Spiel treiben, und versuche herauszufinden, wie er sich diesen Ängsten stellen und davon geheilt werden könnte.

Laguz-Meditation

Und nun habe ich gleich zwei körperliche Meditationen für dich vorbereitet. Du kannst sie gerne deinen Bedürfnissen entsprechend abwandeln.

- Die erste Meditation besteht darin, Wasser zu trinken. Ich verwende dafür eine Stahlflasche, auf der die Rune Laguz eingeprägt ist; wenn du möchtest, kannst du sie aber auch auf eine Flasche aufmalen oder einen Aufkleber verwenden. Versuche, drei bis vier Liter Wasser pro Tag zu trinken: So viel brauchst du, damit dein Urin durchsichtig wird - was bedeutet, dass dein

Körper gut hydriert ist und alle Giftstoffe effektiv ausscheiden kann. Sprudel, Saft oder Alkohol zählen nicht mit - es muss Wasser sein.

- Die zweite Meditation besteht darin, in Wasser einzutauchen - zum Beispiel in ein Bad, in einen See oder Fluss, ins Meer. Dem freien Schweben im Wasser wohnt ein starker Zauber inne, den du unbedingt einmal erleben solltest. Wenn du in freier Natur schwimmen gehst, solltest du aber unbedingt vorher abklären, ob das dort auch gefahrlos möglich ist! Erkundige dich vor Ort bei den zuständigen Stellen danach.

Affirmation

»Ich kann fließen wie heilendes Wasser.«

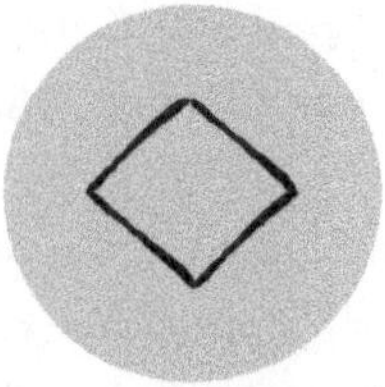

INGWAZ

ING-WAZ

Laut
Das »ing« wie in »Ring«, »klingeln« oder »singen«.

Inspiration
Kreativität erfordert Opferbereitschaft.

Geschenk
Neues Wachstum.

Herausforderungen
Selbstbesessenheit.

Altes Runengedicht

> *Ing wæs ærest mid East-Denum gesewen secgun, oþ he siððan est ofer wæg gewat; wæn æfter ran; ðus Heardingas ðone hæle nemdun.*

Ing wurde zuerst unter den Ostdänen gesehen,
bis er nach Osten zog über das Meer.
Sein Wagen zog ihm nach.
So nannten diese stolzen Männer ihren Helden.

Das Schöne an den nordischen Mythen (allerdings nur, wenn man sich gerne den Kopf über etwas zerbricht) besteht darin, dass diese Geschichten alle aus unterschiedlichen Kulturen stammen – von Sachsen, Jüten, Angeln, Dänen, Schwaben, Langobarden, Isländern, Friesen usw. (und zwar nicht in chronologischer Reihenfolge, du Purist). In einigen dieser Geschichten gibt es einen Gott namens Ing, während er in anderen, sehr ähnlichen Geschichten den Namen Freyr trägt.

Ing-Freyr hat großes Interesse am Thema Fruchtbarkeit, und zwar so, wie es für einen vorchristlichen Fruchtbarkeitsgott typisch ist: Bei ihm dreht sich alles um den Phallus. Ingwaz trägt die Energie von Fruchtbarkeit, neuem Wachstum und dem Kreislauf des Lebens in sich. Diese Rune steht für den kreativen Prozess, für Selbstentfaltung und inneres Wachstum. Heute haben wir Wörter für diese Ideen, doch früher waren sie eher etwas, was man tat: Man arbeitete, um stark zu sein, schuf Kunstwerke um der Kunstwerke willen, legte Samen in den Boden, trug Wasser, hackte Holz. Man tat einfach, was zum Leben notwendig war.

Ing war ein Held; und im frühen Mittelalter zeigten uns Helden, wie man sein und handeln und wonach man streben sollte. Die damalige Kultur war nicht konsumorientiert, und es ging darin auch nicht um schnelle Lösungen, sondern um kontinuierlichen Fortschritt, der zu Veränderungen führte. In einer

Zeit, in der es Wochen dauerte, einen Pflug herzustellen, und man Tage brauchte, um ein Feld zu pflügen, hatte es keinen Sinn, etwas überstürzen zu wollen; das hätte wahrscheinlich nur zu Problemen geführt, die man nicht haben wollte. Ingwaz ist also die Rune, mit der man sich langsam und allmählich selbst zum Helden macht – einen Schritt nach dem anderen.

Ingwaz in der heutigen Zeit

Heutzutage spielen Fruchtbarkeit und Kreativität eine wichtige Rolle, denn wir sind darauf trainiert worden, ständig unter Stress zu stehen und Angst zu haben. Wenn wir uns auf die Energie von Ingwaz einlassen, können wir die Energie, die wir bisher in weniger sinnvolle Gemütszustände – Stress, Angst, Burn-out – investiert haben, für Kreativität und Innovation nutzen. Das ist die Magie von Ingwaz. Indem sie Kompost und dunkle Materie in Kreativität umwandelt, kann sie uns helfen, zu dem Helden und zu der Heldin zu werden, die wir sein wollen. Ingwaz ist die Rune der Selbstentfaltung und Selbstverbesserung, des schöpferischen Akts und kreativen Prozesses. Ing-Freyr interessierte sich nämlich nicht nur für den Akt der Befruchtung, sondern für den gesamten Prozess des schöpferischen Ausdrucks.

Ingwaz wirkt sich positiv auf sämtliche Aspekte des Wachstums aus: vom Anbau von Chilis im Blumenkasten bis hin zur Pflege von Hochbeeten, zur Erschaffung von Leben im Mutterleib, zum Schaffen von Kunstwerken, zum Schreiben eines Buches, zu fantastischem Sex oder dem Erlernen einer Tanznummer, in der deine persönliche Leidenschaft und Begeisterung zum Ausdruck kommen. Ingwaz ist einfach die »Das Leben soll Spaß machen!«-Rune.

Eine Beziehung zu Ingwaz aufbauen

Mithilfe dieser Rune kann man schöpferischen Prozessen – egal, in welcher Form – auf die Sprünge helfen.

- *Selbstverbesserung:* Wenn du Ingwaz auf deinem Tagebuch oder Stift anbringst, wirkt sich diese Rune positiv auf deinen kreativen Fluss aus. Ich habe den Umschlag meines Notizbuchs damit verziert, binde sie aber auch in all meine Lernnotizen ein oder bringe sie auf den Werkzeugen an, die ich zum Lernen benutze.
- *Kunst:* Zeichne Ingwaz auf dein Federmäppchen, auf die Rückseite einer Leinwand oder Zeichnung. Dank ihrer unverwechselbaren Form lässt sich diese Rune auch leicht in moderne Kunstwerke integrieren, denn gerade Linien sind in unserer heutigen Welt allgegenwärtig.
- *Fruchtbarkeit:* Ingwaz ist eine Rune, die die Fruchtbarkeit (sowohl deine eigene als auch die deines Partners oder deiner Partnerin) steigert. Bodypainting wirkt sich positiv auf diesen Aspekt des Lebens aus; wie das konkret aussieht, kannst du dir sicherlich vorstellen. Ich verwende Ingwaz auf Runenstäben für Menschen, die sich einer künstlichen Befruchtung unterziehen, unter Amenorrhö oder erektiler Dysfunktion leiden. Ingwaz wirkt sich positiv auf jedes Wachstum aus und fördert unsere Fruchtbarkeit und Fortpflanzungsfähigkeit.
- *Kreative Projekte:* Ingwaz ist der Same. Wenn man die Energie dieser Rune in kreative Projekte einfließen lässt, sorgt sie für einen guten Start. Das im Samen enthaltene Potenzial ist die Lebensenergie, und Schöpfung ist Leben.

Wenn Ingwaz auftaucht

In der freien Natur möchte Ingwaz dich dazu einladen, dich auf einen kreativen Prozess einzulassen, mit einem Projekt zu beginnen, einen Samen in die Erde zu legen. Oder – falls du bereits damit begonnen hast – mehr Aufmerksamkeit und Konzentration in dieses Projekt einfließen zu lassen.

Um es klar zu sagen: Ingwaz kann sich auf jede Art von Kreativität positiv auswirken. Also topfe den Avocadokern ein, pflanze deine Chilis, lade die Zeichen-App herunter oder streiche die Wand in deiner Wohnung. Schaffe irgendetwas. Erschaffe ein neues, besseres Ich. Belege einen Kurs, tanze so, als würde dir niemand zuschauen, umarme einen Baum. Lass dich am besten auf *all* diese Aktivitäten ein.

In einem Reading bedeutet Ingwaz, dass ein Element der Kreativität gefragt ist – entweder indem man über den Tellerrand schaut, mehr Kreativität in seine Fragestellung einbringt oder sie auf irgendeine Weise weiterentwickelt, um ein bestimmtes Ziel zu erreichen. Ingwaz ist eine Aufforderung, etwas besser zu machen, besser zu sein, mehr zu schaffen.

Ingwaz-Meditation

Das hier ist eine Bewegungsmeditation, für die du eine Yogamatte, einen Timer und dein Tagebuch brauchst. Halte jede Position drei Minuten lang - oder (wie bei allen in diesem Buch beschriebenen Bewegungsübungen) so lange, wie es für dich angenehm ist.

- Schreibe deine Absicht im Hinblick auf Kreativität oder Fruchtbarkeit in dein Tagebuch; anschließend zeichnest du dreimal hintereinander die Rune Ingwaz.
- Für diese Meditation gibt es ein Atemmuster, das man als »O-Atmung« bezeichnet: Atme einfach ein und aus und bilde dabei mit dem Mund die Form eines »O«, sodass er aussieht wie die Rune.
- Geh zuerst in die Knie und lass dich dann nach hinten fallen, sodass dein Po auf den Fersen ruht und deine Hände nach vorn ausgestreckt sind. Für die Yoga-Fans unter euch: Das ist die Stellung des Kindes. Verweile eine Minute lang in dieser Position und praktiziere dabei weiterhin die O-Atmung.
- Begib dich nun in eine sitzende Position, strecke die Beine gerade aus, spreize sie so, dass deine Füße etwas weiter auseinanderliegen als deine Hüften, und stütze die Hände hinter dir auf dem Boden ab. Damit öffnest du deinen Brustkorb in Richtung Himmel.
- Praktiziere noch eine Minute lang die O-Atmung.
- Setz dich nun im Schneidersitz auf den Boden und lege die Hände in O-Form auf deine Genitalien oder deine Gebärmutter. Mach dabei wieder eine Minute lang O-Atemzüge.
- Dann lege die Hände flach auf dein Brustbein (und zwar so, dass die rechte auf der linken Hand zu liegen kommt) und mach noch eine Minute lang »O-Atemzüge«.

- Anschließend legst du deine rechte Hand mit der Handfläche nach oben unterhalb deines Herzens und die linke Hand mit der Handfläche nach unten direkt oberhalb deines Herzens auf den Brustkorb und atmest noch eine Minute lang nach dem O-Muster.
- Lege die Handfläche der linken Hand auf dein Herz und führe die rechte Hand so weit wie möglich hinten um deinen Rücken herum in Richtung Herzregion. Dann machst du noch eine Minute lang O-Atemzüge.
- Zum Schluss entspannst du dich - deine Atmung und deinen ganzen Körper.
- Schreibe alles, was dir während dieser Meditation durch den Kopf gegangen ist, in dein Tagebuch.

Affirmation

»Ich erschaffe mich selbst.«

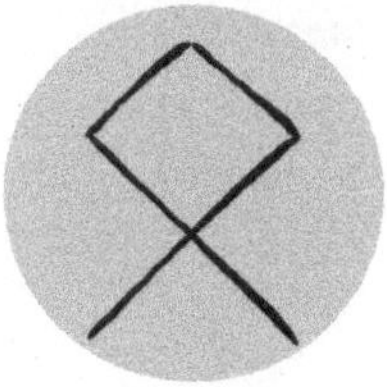

OTHALA

OTH-AL-LA

Laut
Der lange »oh«- Laut wie in »Odin«, »Odal« oder »Opfer«.

Inspiration
Ich bin ein Produkt der Liebe von Millionen Menschen.

Geschenk
Familie/Freunde.

Herausforderungen
Engstirniges Denken.

Altes Runengedicht

Eþel byþ oferleof æghwylcum men,
gif he mot ðær rihtes and gerysena
on brucan on bolde bleadum oftast.

Jeder Mann liebt sein Zuhause,
wenn dort die Volksversammlungen abgehalten werden,
und er genießt zu Recht und oft
die Annehmlichkeiten seines geliebten Zuhauses.

Die Vereinnahmung der nordischen Kultur

Dieser Rune haftet leider ein Problem an: Moderne faschistische Gruppierungen versuchen, sie für ihr böses, verqueres Gedankengut zu vereinnahmen. Doch bei Othala geht es nicht um Genetik oder »reine Blutlinien«, und mit solchen Ideen hatte diese Rune auch noch nie etwas zu tun. Ich wehre mich vehement gegen diese Vereinnahmung der nordischen Kultur durch Hassideologien.

Þessi hamar brestur fasista. Dieser Hammer zertrümmert Faschisten.

Im Mittelalter bildete die Familie eine wertvolle Ressource. Die isländischen Sagas waren der »Wilde Westen« der europäischen Geschichte – mit Blut- und Familienfehden und allen möglichen dramatischen Ereignissen, bei denen es darum ging, wer mit wem liiert war; die Kämpfe wurden aber nicht zu Pferde und mit Revolvern, sondern mit Riesenäxten und auf dem Rücken kleiner Ponys ausgetragen.

In diesem Kontext sind unsere Familien nicht nur die Menschen, mit denen wir in einem Haus zusammenwohnen, sondern alle, die in unserer Nähe leben und die gleichen Probleme und Schwierigkeiten haben wie wir, mit denen wir unsere

Ressourcen teilen und eine Gemeinschaft bilden. In dem Runengedicht ist von Versammlungen (altenglisch: *moots)* und vom Genießen des heimischen Herdes die Rede. Herd und Heim spielten für die Menschen des frühen Mittelalters eine wichtige Rolle, denn das Heim war ein sicherer Ort in einer feindseligen Welt – vielleicht nicht sicher vor anderen Menschen, aber zumindest vor dem Wetter und vor Raubtieren, die eine ständige Bedrohung darstellten, weil sie die Nutztiere, von denen das Wohlergehen der Gemeinschaft abhing, töteten oder verschleppten –, und der Herd war der Ort, an dem die Menschen schliefen, aßen und tranken (nicht nur miteinander, sondern oft auch zusammen mit Tieren).

Da damals viele Menschen auf relativ engem Raum zusammenlebten, musste man tun, was man konnte, um die Harmonie aufrechtzuerhalten. Othala ist die Harmonie des Zuhauses.

In der altnordischen Welt kam der Hausherrin die ganze Macht zu: Sie besaß den Reichtum und die Tiere und hatte die Möglichkeit, sich von ihrem Mann scheiden zu lassen, wenn er sie ärgerte. Othala sieht ein bisschen so aus wie eine stark stilisierte Frauengestalt, wenn man sehr eindimensional denkt und sie nur auf Bauch und Beine reduziert. Das ist die Rune der Matriarchin, die den Clan, die Familie und die Gemeinschaft zusammenhält. Das Wort der Matriarchin ist Gesetz. Andererseits verdankt man ihr aber vielleicht die Möglichkeit, mit vollem Bauch im Warmen zu schlafen.

Die uralte Kraft von Othala – der Herd, an dem man es warm hat, in Sicherheit ist und weiß, dass seine Bedürfnisse erfüllt werden – ist eine Mischung aus Fehu und Nauthiz, Ingwaz und Gebo. Im Mittelalter war die Angst vor dem Unbekannten sehr groß. Heimat bedeutete Liebe und Sicherheit.

Auch Gastfreundschaft spielte damals eine wichtige Rolle; es wurden sogar Gedichte darüber verfasst, wie Gastgeber und Gäste sich verhalten sollten. Man freute sich über Besucher, denn zu Fuß dreißig bis fünfzig Kilometer pro Tag zurückzulegen war eine enorme Leistung (und auf einem winzigen Pony fast ebenso beeindruckend); außerdem brachten Gäste oft Informationen, Tauschwaren und die Möglichkeit, neue Kontakte zu knüpfen. Man bot ihnen ein Bett und etwas zu essen an, und je nach dem Wohlstand des Hauses und ihrem eigenen Status erhielten die Gäste oft auch Kleidung und andere Geschenke. Im Gegenzug erwartete man von dem Gast, dass er den Hausbewohnern alle Neuigkeiten mitteilte, die er unterwegs erfahren hatte.

Menschen in seinem Haus willkommen zu heißen, mit Essen zu bewirten und sich um sie zu kümmern – all das sind Ausdrucksformen von Othala. Ebenso wie das Verschließen der Türen aus Angst vor Angriffen. Das war im alten Norden eine sehr reale Verteidigungsmöglichkeit, vor allem, wenn die Ressourcen knapp waren. Othala bedeutet also auch, dass man in der Lage ist, sein Heim gegen Angreifer zu schützen, und sich darauf verlassen kann, dass die Gemeinschaft einem hilft, das zu bewahren, was andere Menschen einem wegnehmen könnten.

Othala in der heutigen Zeit

Heutzutage sind wir eine globale Gemeinschaft. Meine engsten Freunde wohnen über achtzig Kilometer von mir entfernt – für englische Verhältnisse ein weiter Weg. Andere leben sogar in verschiedenen Zeitzonen, und meine Familie ist über die ganze Welt verstreut. Das ergibt keine geschlossene

Gemeinschaft, die in der Lage wäre, mich gegen einen Bären oder eine Einbrecherbande zu verteidigen. Heute repräsentiert Othala also die Gemeinschaft und die Familie, mit der wir uns umgeben – die Energie, die wir investieren, um für sie zu sorgen, und die Energie, die sie investieren, um für *uns* zu sorgen. Das ist zwar nach wie vor unser heimischer Herd, aber er unterscheidet sich doch gewaltig von dem Herd vor 1500 Jahren. Heute bauen wir digitale Communities und Arbeitsgemeinschaften auf und arbeiten immer öfter von zu Hause aus. Allerdings erhält unser energetischer und physischer Körper auf diese Weise nicht mehr den gleichen Input von unseren Familien und Gemeinschaften wie früher.

In der altnordischen Tradition gibt es das Konzept der Ahnen aus Blut, Knochen und Geist. Blutsvorfahren sind diejenigen, die mit uns verwandt sind; Knochenvorfahren sind diejenigen, zu denen wir in Beziehung treten können; und Geistvorfahren sind die Gottheiten, Geistwesen und mythischen Figuren, zu denen wir uns hingezogen fühlen. Diese Unterscheidung bedeutet, dass wir als mündige Menschen wählen können, woher wir unsere Energie und Unterstützung beziehen wollen. Wir sind zwar an unsere Familie gebunden; aber wir können uns von historischen Figuren inspirieren lassen, die genau die Eigenschaften besitzen, die wir uns selbst und unserem heimischen Herd verleihen möchten.

Eine Beziehung zu Othala aufbauen

Der Aufbau einer Beziehung zu Othala ist ein sehr wirksamer Prozess, der uns beunruhigen, uns aber auch wichtige Einsichten und Erkenntnisse vermitteln kann.

- *Finde deine Blutsvorfahren:* Zunächst einmal kannst du

deinen Stammbaum erforschen, um deine Blutsvorfahren zu finden. Dazu gibt es verschiedene Möglichkeiten.

- *Finde deine Knochenvorfahren:* Das ist eine ebenso starke oder vielleicht sogar noch stärkere Verbindung. Das Foto eines Menschen, den du bewunderst, auf deinen Altar oder an einen Ort zu stellen, an dem du es oft siehst, ist eine gute Möglichkeit, diese Energie in dein Leben hereinzuholen.
- *Gestalte deinen ganz persönlichen heimischen Herd:* Tu das auf eine Art und Weise, die zu dir passt – vielleicht durch digitale Kommunikation, indem du jemanden umarmst oder zusammen mit anderen Menschen auf dem Sofa sitzt und Kakao/Wein/Met trinkst – was auch immer dir guttut.
- *Schaffe ein einladendes Zuhause:* Gäste bei dir willkommen zu heißen ist eine gute Möglichkeit, eine Beziehung zu Othala aufzubauen. Natürlich brauchst du nicht jeden Menschen einzukleiden, der an deine Tür klopft; doch wenn du Freunden und Familienangehörigen Obdach und Nahrung bietest, baust du Othala-Energie auf. Auch mit einem Brief oder Anruf oder einer E-Mail kann man in unserer heutigen Gesellschaft, in der die Menschen in alle vier Winde verstreut sind, verwandtschaftliche Beziehungen aufbauen.
- *Spende Geld für wohltätige Zwecke:* Othala ist auch die Energie der Unterstützung von wohltätigen Organisationen, die mit unseren Werten übereinstimmen (vor allem solchen, die bedürftigen Menschen Obdach und Nahrung bieten).
- *Gib der Rune einen Platz in deinem Zuhause:* Wenn du in deinem Haus ein Kaminfeuer hast, lege sie auf das Kaminbrett; falls nicht, kannst du sie auf den Ofen oder die Ofenbank legen. Es ist auch sehr wirksam, Othala an Orten zu

platzieren, wo Menschen zusammenkommen, zum Beispiel neben dem Fernseher (da dieser normalerweise den Mittelpunkt des Wohnzimmers bildet) oder auf dem Esszimmertisch, weil Menschen dort gemeinsam ihre Mahlzeiten einnehmen.

Wenn Othala auftaucht

- Wo werden Familienbande aktiviert?
- Wie wirkt sich dein häusliches Leben auf dein Leben im Allgemeinen aus?
- Welche Energie deiner Vorfahren könnte dir weiterhelfen?
- In welcher Hinsicht könnten Familie oder Freunde für dich von Nutzen sein?

Wenn Othala dir in freier Natur begegnet, ist das ein Aufruf, dich auf deinen »Herd«, die Energie deines eigenen Zuhauses zu konzentrieren: Ist sie harmonisch, oder solltest du für diese Harmonie noch etwas tun? In welcher Hinsicht könntest du noch gastfreundlicher sein? In welchen Bereichen bist du *zu* gastfreundlich?

Vielleicht will Othala dich aber auch daran erinnern, über deine Bluts-, Knochen- und Geistvorfahren nachzudenken. Könnte es sein, dass du in dieser Hinsicht nicht mit dir im Reinen bist? Oder vielleicht weist dich diese Rune auf die Lektionen hin, die deine Vorfahren gelernt haben, damit du sie in diesem Leben nicht auf die harte Tour lernen musst.

In einem Reading deutet Othala darauf hin, dass der heimische Herd des Klienten Aufmerksamkeit erfordert. Oder dass es jemanden in seiner Verwandtschaft gibt, der in irgendeiner Weise Aufmerksamkeit benötigt.

Othala-Meditation

Diese Meditation kann man auch zusammen mit kleinen Kindern machen, da sie etwas Ungezwungenes, Familiäres an sich hat. Man kann sie aber auch gemeinsam mit anderen Angehörigen praktizieren. Familie ist Familie.

Du brauchst dazu dein Tagebuch, einen Timer und eine Sitzgelegenheit.

- Setz dich bequem hin. Ich lege meine Hände dabei um ein Kissen oder eine Nackenrolle. Kinder, die auf dem Schoß sitzen, erfüllen die gleiche Funktion. Stell deinen Timer auf drei Minuten.
- Lege deine dominante Hand auf dein Herz und sage: »Mein Herz, ich liebe dich.«
- Dann lege deine dominante Hand auf deine Augen und sage: »Meine Augen, ich liebe euch.«
- Als Nächstes legst du deine dominante Hand auf die Oberseite deines Kopfes und sagst: »Mein Kopf, ich liebe dich.«
- Und dann auf den Nabel und sagst: »Ich liebe dich.«
- Zum Schluss legst du beide Hände auf deine Knie und sagst: »Ich liebe euch.«
- Wiederhole diesen Vorgang drei Minuten lang bei den Personen, denen du den Segen bringen möchtest - je nach Alter der Kinder (falls Kinder an dieser Meditation teilnehmen) und dem Grad ihres Interesses.

- Zum Schluss atmest du langsam durch den Mund ein und aus, legst die Arme um deinen Körper und umarmst dich selbst ganz fest. Dann umarme deine Familienangehörigen/Freunde.
- Schreibe in dein Tagebuch, was dabei in dir vorgegangen ist.

Affirmation

»Ich suche mir meine Familie selbst aus.«

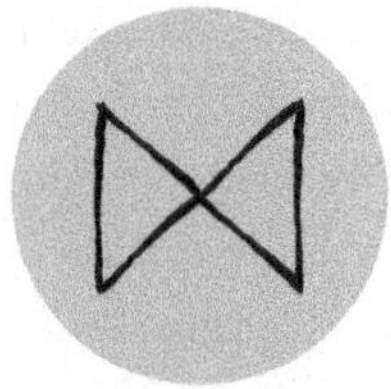

DAGAZ

DAH-GHAZ

Laut
Das »d« wie in »Dogge«, »Dolch« oder »Donut«.

Inspiration
Das Potenzial, das allem Neuen innewohnt.

Geschenk
Eine neue Chance.

Herausforderungen
Niemals in der Gegenwart stehen zu bleiben.

Altes Runengedicht

Dæg byþ drihtnes sond, deore mannum,
mære metodes leoht,
myrgþ und tohiht eadgum und earmum, eallum brice.

*Der Herr sendet seinen geliebten Menschen den Tag,
herrliches Licht des Schöpfers,
Freude und Hoffnung für Reich und Arm, für alle hilfreich.*

Nun solltest du einmal über das Licht nachdenken. Mit welchem Hilfsmittel liest oder hörst du diese Worte gerade? Bei künstlichem Licht? Wird dein Lesegerät mit elektrischem Strom betrieben? Früher gab es außer Öllampen und Kerzen kein künstliches Licht. Die Arbeit hörte schlagartig auf, sobald die Sonne unterging. Der Tagesanbruch bedeutete also im wahrsten Sinn des Wortes die Chance auf einen Neuanfang.

Er befreite uns auch von unserer Angst vor den Geschöpfen der Dunkelheit und ermöglichte es uns, zu sehen, was wir taten. Diese Tagesenergie von Dagaz ist die Macht, die wir der Fähigkeit verdanken, auf bestmögliche Weise mit unserer Umwelt zu interagieren. Denke daran: Je weiter man nach Norden kommt, umso kürzer werden die Nächte im Sommer und umso länger werden sie im Winter. Für die Menschen, die früher in nordischen Gefilden lebten, war Tageslicht ein kostbares Gut.

Sie betrachteten auch alle Übergänge als magische Zeiten beziehungsweise Orte. Morgengrauen/Abenddämmerung, Meeresküsten, Türen, Tunnel – allen Orten und Zeiten, die weder ganz das eine noch ganz das andere waren, wohnte eine besondere Kraft inne. Alles, was Elemente aus zwei verschiedenen Welten in sich vereinte, besaß Macht. Dagaz ist der Übergang von einem Zustand zum anderen – von der Nacht zum Tag, vom Tag zur Nacht. Diese energetische Veränderung ist die Kraft, die hinter dieser Rune steht und von der sie angezogen wird.

Der Übergang von einem Zustand in einen anderen ist aber auch eine Initiation. Dagaz ist die Rune der Initiation.

Dagaz in der heutigen Zeit

Heute hat Dagaz als Licht, mit dem wir leben und arbeiten, seine Bedeutung verloren, da elektrisches Licht mittlerweile auf Knopfdruck verfügbar ist. Heutzutage steht Dagaz für den Übergang, das Portal zwischen zwei verschiedenen Zuständen. Licht und Dunkelheit, An und Aus – der Übergangspunkt in der Mitte.

In unserem modernen Leben wechseln wir oft zwischen verschiedenen Zuständen hin und her. Arbeit, Spiel, Sofa, Chillen … Die Liste ist endlos. Wann immer wir unseren emotionalen oder körperlichen Zustand verändern, befinden wir uns in der Energie von Dagaz.

Und wir verändern ständig irgendetwas an uns. Denk einmal darüber nach: Wenn du zu einer Verabredung gehst, trägst du schließlich keinen Pyjama und keine Schlafmaske, oder? Du machst dich schick – dein Zustand verändert sich. Und danach? Wahrscheinlich gehst du nicht in eleganten Schuhen und einem dreiteiligen Anzug ins Bett, nicht wahr?

Jedes Mal, wenn du von einem Zustand in einen anderen wechselst, ist das Dagaz. Die Rune wird von dieser harmonischen Resonanz der Veränderung – der Erleuchtung – angezogen.

Wenn wir etwas lernen oder verändern, müssen wir uns bemühen, diese Veränderung auch zu verkörpern. Wir müssen durch die Türen in unserem eigenen Inneren gehen und die Kriterien für eine Veränderung erfüllen, bevor unser Energie- und unser Mentalkörper unserer Psyche die Information vermittelt, dass wir uns verändert haben. Es nützt nichts, allen Leuten zu erzählen, man sei ein Powerlifter, wenn man noch nie im Fitnessstudio war.

Wenn wir uns vollständig verändern, gehen wir durch eine Tür, die unserem ganzen Wesen diese Veränderung signalisiert.

Dagaz ist das Tor, die Barriere, die wir durchschreiten müssen, um etwas Großes zu erreichen.

Eine Beziehung zu Dagaz aufbauen

Es wird viel davon gesprochen, auf der Seite des Lichts zu stehen oder »Lichtarbeit« zu leisten. Das ist natürlich etwas Gutes; aber was ist, wenn man am Übergang zwischen Licht und Dunkelheit steht? Das ist die Kraft von Dagaz: die Fähigkeit, aus der Dunkelheit ins Licht überzugehen. Du kannst auf diese transformatorische Kraft zugreifen und sie nutzen, um innerlich zu wachsen und zur bestmöglichen Version deiner selbst zu werden.

- *Überwinde Begrenzungen:* Wenn du bei dir selbst auf eine Begrenzung stößt, die du gerne überwinden würdest, betrachte diese Einschränkung als Tür zu etwas anderem – als Initiation. Nutze die Übergangsenergie von Dagaz, um von jemandem, der mut- und mittellos ist und kein Ziel erreichen kann, zu jemandem zu werden, der tüchtig und selbstbewusst ist und alles hat, was er braucht.
- *Setz eine Veränderung in Gang:* Dagaz auf deinem Altar oder in deiner Geldbörse hilft dir, diese Übergangsenergie aufzubauen und deine nächste Veränderung (oder den nächsten Tag) in Angriff zu nehmen.

- *Erleichtere dir Übergangssituationen:* Übergänge sind nicht immer angenehm. Als ich mit meiner Frau über diese Energie sprach, verglich sie sie mit der Zeit kurz vor ihrer Monatsblutung, in der sie reizbar und unleidlich ist. In der nächsten Phase ihres Zyklus, in der sie blutet und im Fluss ist, geht sie das Leben mit viel mehr Leichtigkeit an. Dagaz ist dazu da, uns solche Übergänge zu erleichtern. Diese Energie hilft vielleicht nicht gegen innere Anspannung oder Bauchkrämpfe, aber sie erleichtert uns die energetische Umstellung.

Wenn Dagaz auftaucht

Wenn Dagaz uns in der freien Natur begegnet, ruft diese Rune uns dazu auf, von einem Zustand in einen anderen zu wechseln oder uns auf eine Veränderung vorzubereiten. Überlege dir, in welchen Bereichen du auf bewusster Ebene für eine Veränderung bereit bist, dich unbewusst aber vielleicht noch keinen Zentimeter von der Stelle gerührt hast. Dagaz möchte dir den Übergang so leicht wie möglich machen! Das Auftauchen dieser Rune bedeutet, dass ein Portal, eine Tür, ein Übergangspunkt auf dich zukommt.

In einem Reading deutet Dagaz darauf hin, dass der Klient eine Linie überschreiten muss oder dass ihm eine Veränderung bevorsteht. Betrachte diese Energie im Zusammenhang mit seiner Fragestellung: Ist er auf der Suche nach Liebe? Muss er etwas an sich selbst verändern, bevor diese Liebe in sein Leben treten kann? Das Gleiche gilt auch für die Arbeit oder für andere Lebensbereiche.

Dagaz-Meditation

Für diese Runenmeditation brauchst du eine Kerze, etwas zum Anzünden der Kerze, dein Tagebuch, einen Timer und eine Augenmaske oder irgendetwas anderes, um deine Augen zu bedecken. Ich verwende dafür ein Paar saubere Socken.
Bei dieser Meditation geht es um den Übergang, die Bewegung von einem Zustand zum anderen.

- Zeichne oder schreibe die Dagaz-Rune dreimal hintereinander in dein Tagebuch.
- Dann lege dich hin, mach es dir bequem und stell deinen Timer auf drei Minuten. Achte darauf, Kerze und Feuerzeug griffbereit zu haben.
- Bedecke deine Augen und lege dich für drei Minuten im Dunkeln hin.
- Sobald der Alarm ertönt, zünde die Kerze an und schreibe auf, was du beim Übergang von der Dunkelheit zum Licht erlebt hast.

Affirmation

»Ich darf mich verändern.«

DIE LEERE RUNE

Die leere Rune fand in den 1980er-Jahren Eingang in die Runentradition. Zum ersten Mal tauchte sie in einem Buch von Ralph Blum mit dem Titel *Runen* auf. Blum stützte sich dabei auf ein Runenset, das er in den 1970er-Jahren gekauft hatte und das eine zusätzliche Rune enthielt. Er beschloss, diese nicht als Ersatzrune oder Fehler bei der Herstellung des Sets zu betrachten, sondern als mystische New-Age-Rune: eine »*Wyrd*-Rune«.

Im Grunde beruht dieses Konzept also auf einem Touristensouvenir aus den 1970er-Jahren. Doch während einige moderne Ideen (beispielsweise die *Aettir)* gut und sinnvoll sind, stiftet dieses Konzept nur unnötige Verwirrung und führt zu Spekulationen. Ich halte es nicht für eine sinnvolle Ergänzung beim Lesen von Runen. Meiner Meinung nach sind alle Runen *Wyrd*-Runen.

Teil III

WIE MAN MIT RUNEN ARBEITET

KAPITEL 4

Runen lesen

Runen eignen sich sehr gut als Orakel. Wenn man sie für diesen Zweck verwendet, greifen sie auf das mächtigste Werkzeug der Nornen und des *Wyrd* zu: das Schicksal.

Die Runenenergie ist eine Energie der Anziehung: Runen werden von der Energie angezogen, mit der sie in Verbindung stehen. Beim Wahrsagen tauchen also eigentlich nicht die Runen selbst im Reading auf, sondern die Energien, von denen sie angezogen werden; die Runen sind lediglich eine Verkörperung dieser Energien. Das ist so ähnlich wie beim Angeln: Der richtige Köder fängt den richtigen Fisch. Die richtige Energie zieht die richtige Rune an.

Wie die *Völvas* früherer Zeiten solltest auch du beim Lesen von Runen auf die Energie des *Wyrd* zugreifen und die Runen so interpretieren, dass sie für dich und deinen Klienten, deine Freundin, deinen Partner oder deine Katze einen Sinn ergeben. Greife auf die Fäden des *Wyrd* zu, um eine eigene Resonanz zu den Runen aufzubauen, die du liest.

Runen gibt es schon sehr lange – seit über 1700 Jahren –, und zwar in einer Form, die (vor allem wegen der Einführung des Christentums) seit mehr als 1000 Jahren relativ unverändert geblieben ist. Aufgrund dieser fehlenden Entwicklung kann die Energie, zu der die Runen hingezogen werden, unserem Verstand heutzutage ziemlich fremd vorkommen. Das Schwierige beim Lesen der Runen besteht darin, sich darüber klar zu werden, wie unsere modernen Vorstellungen zu diesen uralten, in frühester Vergangenheit verankerten Konzepten passen. Die Assoziationen der Runen werden uns jedoch helfen, diese alten Denkmuster in Gedanken und Ideen umzuwandeln, die in unserer heutigen Welt einen Sinn ergeben.

Ich hoffe, dass du inzwischen Gelegenheit hattest, die Energie der einzelnen Runen zu erleben. Jede Rune trägt verschiedene Konzepte und Möglichkeiten in sich; du brauchst sie nicht alle auswendig zu kennen. Runen sind praktisch und mystisch zugleich und in einem Zustand ständiger Entwicklung begriffen. Die Kenntnisse und Informationen, die ich dir in diesem Buch vermittle, sollen dir dabei helfen, eine eigene Beziehung zu ihnen aufzubauen.

Und nun ist es an der Zeit, das bisher Gelernte in die Praxis umzusetzen. Zu diesem Zweck werde ich dir ein paar der vielen Möglichkeiten vorstellen, wie man mit Runen arbeiten kann – vom täglichen Werfen von Runen bis hin zu Readings, Zaubersprüchen und Stavs (Runenstäben). Das sind in Holz oder Knochen eingeritzte Runen zur Speicherung magischer Energien, mit denen man heilen oder das Handeln anderer Menschen beeinflussen kann.

Wie man Konzentration aufbaut

Konzentration ist bei jeder spirituellen Praxis ein sehr wichtiges Werkzeug. Es bedeutet, deine geistige Verfassung so zu verändern, dass du für die Energien des Universums empfänglich wirst.

Deine Absicht festlegen

Beim Lesen von Runen ist deine Absicht die Frage, die du stellen möchtest. Diese energetischen Bahnen kann man am besten eröffnen, indem man seine Fragestellung dreimal hintereinander in sein Tagebuch schreibt. Dadurch kann die Energie frei fließen.

Offene Fragen eignen sich sehr gut für Readings; Ja/Nein-Fragen sind weniger hilfreich. »Wie gehe ich am besten mit meinem Kollegen Jim um?« ist eine gute Frage, ebenso: »Wie kann ich dafür sorgen, dass dieses Projekt besser läuft?« Von der Frage »Liebt mein Kollege Jim mich?« würde ich dagegen lieber absehen, denn die Antwort darauf wird durch deine Emotionen vernebelt; du wirst also definitiv kein Ja oder Nein erhalten, sondern eher eine Beschreibung von Jims Innenleben, die ohne näheren Kontext nutzlos ist.

So bereitest du dich auf Readings und den Empfang von Botschaften vor

Versuche niemals, Runen zu lesen, wenn du aufgeregt oder abgelenkt bist, da diese verworrene Energie dir bei einem Reading im Weg stehen kann. Daher solltest du dich immer zuerst auf das Reading vorbereiten:

- Sorge dafür, dass du es bequem hast, und achte auf deine Atmung. Atme durch die Nase ein und durch den Mund aus.
- Lies mehrmals deine Absicht (die Fragestellung in deinem Tagebuch) durch und atme dabei immer langsamer. Versuche, sieben Sekunden lang einzuatmen und elf Sekunden lang auszuatmen. Wohlgemerkt: Du solltest das *versuchen*, aber nicht *erzwingen!*
- Sobald du spürst, dass sich dein Körper entspannt hat, richtest

du deine Aufmerksamkeit auf deine Finger und Zehen; achte darauf, ob du sie spüren kannst. Spüre alles, was sie berühren.
- Schau dich im Zimmer um und finde fünf Dinge, die du sehen kannst, vier, die du hören kannst, drei, die du berühren kannst, zwei, die du riechen kannst, und eines, das du schmecken kannst.
- Jetzt bist du in deinem Körper und bereit, mit der Energie der Runen in Kontakt zu treten. Konzentriere dich auf die Fragestellung und achte auf die Wahrnehmungen und Empfindungen, die dein Körper dabei empfängt. Du kennst dich selbst am besten; und je leichter es dir fällt, zu spüren, wie die Energie auf subtile Art und Weise mit deinem Körper spielt, umso besser wirst du die Runen lesen können.

Wenn du ein Reading für einen Klienten durchführst, kannst du ihn bitten, seine Atemzüge mit deinen zu synchronisieren und sein Energiefeld mit deinem in Einklang zu bringen. Dadurch wird dein Reading noch treffsicherer.

Runenorakel

Ich möchte hier auf zwei verschiedene Formen des Runenorakels eingehen: Runenwerfen und Runenziehen.

Runen werfen

- Bevor du die Runen wirfst, schreibe deine Fragestellung dreimal hintereinander in dein Tagebuch, um eine klare Vorstellung davon zu gewinnen, worum es dabei geht.
- Dann setz dich auf den Boden (vielleicht auf ein Kissen oder

Schaffell) und strecke die Beine gerade aus (die Füße sollten dabei so weit auseinanderliegen, wie es für dich bequem ist).

- Konzentriere dich.
- Schüttle deine Runen gut durch und wirf sie dann mit leichter Hand auf einen Punkt knapp oberhalb deiner Knie.

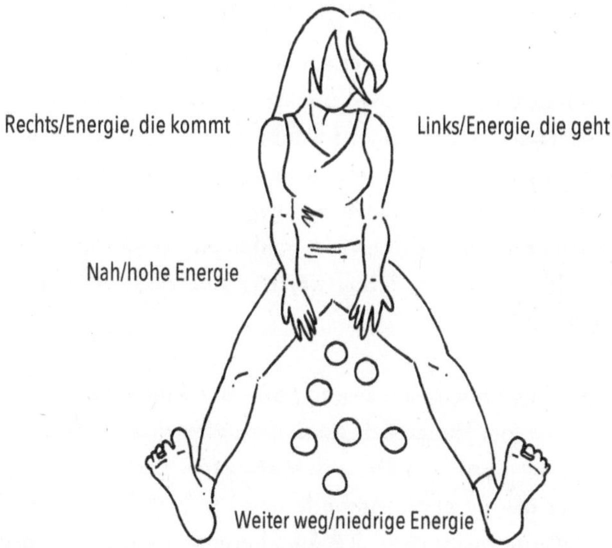

Deutung

Runen sind meist auf Scheiben oder Steinen aufgedruckt oder eingeprägt, die eine leere Seite und eine Runenseite haben. Wenn die leere Seite nach oben zeigt, bedeutet dies, dass die betreffende Energie nicht vorhanden ist; wenn die Runenseite nach oben zeigt, so ist das ein Zeichen dafür, dass die Energie vorhanden ist. Die geworfenen Runen können richtig herum oder auf dem Kopf stehen; das spielt keine Rolle. Wenn die Runenseite sichtbar ist, ist die Energie vorhanden.

Je näher sich eine Rune an deinem Kraftpunkt (Becken) befindet, umso präsenter und stärker ist ihre Energie; je weiter sie davon entfernt liegt, umso weniger stark ist sie - sie ist dann entweder im Kommen oder gerade verschwunden.
Ich habe das Gefühl, dass die linke Seite für die Vergangenheit oder die Energie steht, die geht; die rechte Seite dagegen präsentiert die Zukunft oder die Energie, die kommt. Aber bei dir ist das vielleicht anders. Das muss jeder für sich selbst ausprobieren.
Und nun schau dir deine Runen an. Welche Energien wurden von deiner Fragestellung angezogen? Denke daran, dass du der Kanal für diese Energien bist; also wird sich auch deine unbewusste Voreingenommenheit in den Runen widerspiegeln. Solche Vorurteile beiseitezuschieben und zu einem »hohlen Knochen« zu werden, der Botschaften und Ratschläge wertfrei empfängt, ist eine sehr wichtige Gabe.

Es gibt aber auch noch eine zweite Form des Runenorakels: nämlich das Ziehen von Runen. Ich stelle gern eine direkte Frage und ziehe dann eine Rune, um sie zu beantworten. Das erfordert viel weniger Platz als die erste Methode und hat außerdem den Vorteil, dass hinterher nicht überall Runen herumliegen. Es gibt nichts Ärgerlicheres, als wenn eine Rune unbemerkt unter das Sofa rollt und man sie nicht wiederfindet!
Ich verwende das Verfahren des Runenziehens, wenn ich Readings für Klienten durchführe - sowohl beim Coaching als auch beim Wahrsagen. Und beim Schreiben dieses Buches habe ich ebenfalls oft mit dieser Methode gearbeitet.

Runen ziehen

- Für diese Methode brauchst du deinen Runenbeutel und die Fragestellung, die - dreimal aufgeschrieben - vor dir liegt.
- Greife in den Beutel und ziehe eine Rune. Diese Rune ist die Hauptantwort auf deine Frage.

Deutung
Da die Antwort anfangs meist nur einen begrenzten Kontext hat, kannst du auch noch eine zweite oder dritte Rune ziehen, um die Antwort der ersten Rune näher auszuführen.
Aber denke daran, die Bedeutung dieser zusätzlichen Runen durch die »Linse« der ersten Rune zu interpretieren.

Beispiel für ein Runen-Reading

Frage: Soll ich dieses Buchmanuskript dem Hay-House-Verlag anbieten?
Diese Fragestellung steht in meinem Tagebuch dreimal vor mir.
Erste Rune: Uruz: Stärke, Kraft, Hartnäckigkeit.
Diese Antwort ist für mich im Augenblick nicht sehr hilfreich. Was soll das bedeuten? Ich bin doch schon groß und stark und hartnäckig ...
Ich ziehe eine zweite Rune.
Zweite Rune: Ansuz: Sprache, Inspiration, Wissen.
Durch die Linse von Uruz betrachtet, bedeutet dies, dass meine Stärke in diesem Fall darin bestehen wird, mein Wissen und meine Worte einzusetzen.

Das hört sich vielversprechend an: Ich kann dieses Buch also anpreisen, indem ich meine Kommunikationsfähigkeit nutze.
Dritte Rune: Nauthiz: Bedürfnis, Überleben, Handeln.
Wenn das keine ausdrückliche Aufforderung ist, in Aktion zu treten, um mein Überleben zu sichern, dann weiß ich nicht, was es sonst sein soll! Um zu überleben, muss ich also mein Redetalent und meine persönlichen Stärken einsetzen, damit mein Buch den richtigen Ansprechpartner erreicht, der es in Kommission nehmen kann.
So habe ich mithilfe meiner Runen den richtigen Adressaten für dieses Buch gefunden …

Bei der Arbeit mit Runenenergien spielt der Kontext eine wichtige Rolle; also achte darauf, die Fragen, die du stellen möchtest, präzise zu formulieren. Auf nebulöse Fragen wirst du nur unklare, verworrene Antworten erhalten. Drücke dich deshalb klar und genau aus. Runen mögen so etwas – Wikinger sind nun einmal geradlinige Menschen. Mit subtilen Andeutungen wissen sie nichts anzufangen. Man kann sich nicht subtil ausdrücken, wenn man seine Absicht in einen Stein ritzt, so wie es bei den ersten Runen getan wurde.

Runen anhand von Tarot-Legesystemen lesen

Das Gute an den Runen ist, dass man sie auch an die Ideen und Gedankenkonstrukte unserer heutigen Gesellschaft anpassen kann. Runen haben starke Wurzeln, die fest in der Geschichte und Mythologie verankert sind. Aus so starken Wurzeln können auch neue Zweige (neue Praktiken) hervorwachsen. Eine davon ist das Lesen der Runen anhand von Tarot-Legesystemen.

Im Internet wirst du viele Tarot-Legemuster finden. Hier ein paar Beispiele, die sich gut für den Einstieg in diese Arbeit eignen:

Situation - Problem - Lösung

Ein Drei-Runen-Orakel, mit dem man gut arbeiten kann, ist das Legemuster »Situation - Problem - Lösung«.

- Schreibe deine Fragestellung dreimal hintereinander in dein Tagebuch.
- Konzentriere dich darauf.
- Dann ziehst du die erste Rune: Das ist die jetzige Situation.
- Die zweite Rune steht für das Problem. Lege sie rechts neben die erste Rune.
- Die dritte Rune ist die Lösung. Lege die dritte Rune rechts neben die zweite.

Ein Beispiel

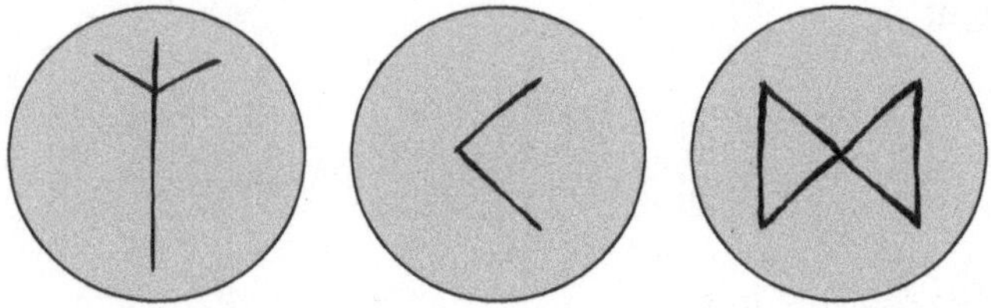

Die Fragestellung lautet: »Was muss ich tun, um diese Beförderung zu bekommen?«

Erste Rune: Algiz: Verteidigung, Barrieren

Zweite Rune: Kenaz: Erleuchtung, Licht in der Dunkelheit

Dritte Rune: Dagaz: Veränderung, Initiation

Ich interpretiere diese drei Runen folgendermaßen (wobei ich stets an die Fragestellung des Readings denke):

Die erste Rune deutet darauf hin, dass es hier eine Barriere gibt – vielleicht im Umgang der Menschen mit dem Klienten oder umgekehrt. Oder vielleicht ist die Barriere auch eher technischer Art – womöglich ist eine E-Mail nicht angekommen?

Die zweite Rune steht für das Problem. Nicht alles zu sehen, was um einen herum geschieht, ist die problematische Kehrseite von Kenaz. War der Klient also womöglich blind für das, was in seinem Umfeld abläuft? Arbeitet jemand im Verborgenen gegen ihn, um seine eigenen Ziele zu erreichen? Oder gibt es irgendein Hindernis in der Unternehmensstruktur, das der Klient nicht erkannt hat? »Es gibt eine Barriere, die dadurch entsteht, dass man nicht sieht, was vor sich geht« – so würde meine Interpretation der ersten beiden Runen lauten.

Die dritte Rune ist die Lösung; und Dagaz steht für Veränderung und Initiation. Was muss der Klient also ändern, um befördert zu werden? Das hängt von den Erkenntnissen ab, die er aus der ersten und zweiten Rune gewonnen hat. Er könnte zum Beispiel nach verborgenen technologischen Barrieren suchen, die seine Beförderung verhindern. Womöglich ist sein Unternehmen in technologischer Hinsicht zu rückständig und daher auf dem Markt nicht wettbewerbsfähig? Oder gibt es eine Fähigkeit, die ihm selbst fehlt, und diese mangelnde Qualifikation steht seinem beruflichen Aufstieg im Weg?

Denke daran, dass die Runen uns eher offene als subtile Botschaften vermitteln! Sie können zwar auch auf subtile Sachverhalte hinweisen; aber sie verbergen keine Informationen. Die Subtilität liegt in deiner Interaktion mit den Runen und dem Klienten.

KAPITEL 5

Runenzauber

Runen sind Buchstaben – und was macht man mit Buchstaben? Man setzt sie zu Wörtern zusammen. Auf die gleiche Weise machen wir uns die Energie von Runenstäben und Bindungsrunen, Stavs oder Sithur zunutze. Runenzauber sind eine Möglichkeit, bestimmte Energien auf eine Situation anzuwenden.

Hier ein Beispiel aus »Egil's saga« (»Die Saga von Egil Skalla-Grimsson«), der Geschichte eines abenteuerlustigen Mannes aus der Blütezeit der Wikinger. Egil war ein typischer Wikingerheld: geheimnisvoll, mächtig und im Besitz magischer Fähigkeiten.

Egil aß sich satt und ging dann zu der Frau, die krank darniederlag. Er sprach mit ihr. Dann befahl er, dass die Bettwäsche und das unter ihr liegende Bettlaken ausgetauscht werden sollten.
Unter dem Bett fand er einen Knochensplitter, in den eine Rune eingeritzt war.
Er las die Rune, prägte sie sich ein und warf den Knochen ins Feuer. Dann verbrannte er die ganze alte Bettwäsche und die schmutzigen alten Kleider der Frau.
Dann sang er:
Ein Mann sollte beim Schnitzen von Runen nichts überstürzen,
es sei denn, er kann es mit List und Schläue tun.
Sonst sind sie zu stark für einen Mann,
vor allem, wenn die Rune wild und dunkel ist.

Die verschiedenen Kraftschichten der Runen zehn
die starke fließende Frau
kann den Kummer und Schmerz halten
»Egil's Saga«, Kapitel 73, Übersetzung von Richard Lister

Auf diese Weise entdeckte der Runenmeister Egil die Rune, die im Bett einer kranken Frau lag, vernichtete sie und vertrieb ihre Energie.

Runen können Krankheit *und* Gesundheit, Liebe *und* Lust, Krieg *und* Frieden herbeiführen. Wir können selbst entscheiden, wie wir mit ihnen arbeiten und in welche Richtung wir ihre Energien lenken möchten.

Runenstäbe

Runenstäbe sind Zaubersprüche, die traditionell auf das Holz eines Obstbaums geschrieben werden, da solche Bäume auf der Welt in zweifacher Hinsicht präsent sind: Obstbäume sind nicht nur Lebensspender in Form von Früchten, sondern man kann sie auch fällen und Möbel, Werkzeuge oder andere Gegenstände daraus herstellen.

Und nun möchte ich in meiner Eigenschaft als Fachmann für Gesundheit und Sicherheit zu dir sprechen: Wenn du einen Runenzauber wirkst (was du wahrscheinlich tun wirst), achte darauf, dabei nicht über deine persönlichen Kompetenzen und Fähigkeiten hinauszugehen. Benutze keine scharfen Werkzeuge, wenn du nicht weißt, wie man damit umgeht. Arbeite nicht mit Hitze oder Flammen, wenn du so etwas nicht richtig handhaben kannst. Du bist ein erwachsener Mensch und für dich selbst verantwortlich.

Wie man einen Runenzauber wirkt

Du brauchst dazu: den Stiel von einem Lutscher oder Eis, ein Stück Papier und einen Stift oder irgendeine andere Möglichkeit, den Runenstab zu beschriften.

- Überlege dir zunächst, welche Energie dein Zauber heraufbeschwören soll. Ich schlage hier als Beispiel »Selbstvertrauen« vor.
- Als Nächstes wählst du die passenden Wörter für deinen Zauber aus. Bleiben wir bei unserem Beispiel »Selbstvertrauen« - was macht Selbstvertrauen aus? Mut? Stärke? Eigensinn? Fröhlichkeit? Tatkraft? Ich habe mich für Stärke, Resilienz und Anpassungsfähigkeit entschieden.
- Schlage nun bei den Runenbeschreibungen in Teil II dieses Buches nach und ordne deine Wörter den gewünschten Runenenergien zu. Für Stärke habe ich Uruz gewählt, für Resilienz Eihwaz und für Anpassungsfähigkeit Dagaz.
- Zeichne diese Runen in einer Reihenfolge, die dein Auge anspricht, fünf- oder sechsmal auf dein Blatt Papier.
- Sobald du bereit bist, spiele stimmungsvolle Musik ab *(Beispiele dafür findest du bei Bedarf im Abschnitt »Informationsquellen«).*
- Lege die Hände auf dein Herz und deinen Bauch.
- Atme einmal tief ein und aus.
- Spüre in den wenigen Sekunden zwischen Ein- und Ausatmen, wie deine Verbindung zu dir selbst, zu deinem Körper, zur Erde und zum Himmel dich wie ein dicker Mantel umgibt, stützt, schützt und dir hilft. Wenn du Geistführer oder Engel hast, die du um Hilfe anrufen kannst, ist jetzt der richtige Zeitpunkt dafür.

- Sobald du das Gefühl hast, dass die Energien stimmen, bringst du deine drei Runen auf dem Stab an. Ich arbeite dabei mit verschiedenen Methoden, je nachdem, wie die Energie fließen soll:
  - Die erste Methode geht schnell, kann zwar Flecken machen, ist aber dafür effektiv, so wie ein Pflaster auf dem Knie: Man kann die Runen mit einem Edding, einem Filzstift oder sogar einem Kugelschreiber auf das Holz zeichnen.
  - Für einen bewussteren, »absichtsvolleren« Prozess benutze ich ein Metallstempelset.
  - Manchmal verwende ich auch ein Brandmalset, um die Runen in das Holz einzubrennen. Das ist für mich eine der wirksamsten Methoden.
  - Man kann die Runen aber auch mit einem Messer oder Meißel einritzen - nur leider schneide ich mir dabei immer in die Finger, deshalb unterlasse ich es. Genau das ist es, was ich vorhin mit meinem Hinweis auf den verantwortungsvollen Umgang mit Werkzeugen gemeint habe: Schneide dir nicht die Finger ab - schließlich brauchst du sie ständig!
- Wenn meine Runenstäbe fertig sind, danke ich den Göttern und Göttinnen, indem ich ihnen etwas Kuchen und/oder Met oder Wein spendiere. Wenn du keinen Alkohol trinkst, erfüllt Saft den gleichen Zweck.

Zum Schluss verbrennst du das Blatt Papier, auf dem du die Runen aufgezeichnet hast. Wirf es nicht einfach in den Mülleimer, denn die Energie ist danach trotzdem immer noch da. Außerdem ist es respektlos, diese Zeichnung wegzuwerfen wie eine Bananenschale. Dadurch könntest du die Energie des Kosmos irritieren.

Verwendung des Runenstabs

Sobald du die gewünschten Runen auf deinem Stab angebracht hast, ist er ein mächtiges Werkzeug und sollte dementsprechend behandelt werden.

Um ihn zu benutzen, kannst du ihn entweder in deine Jacken- oder Hosentasche, dein Portemonnaie oder deine Brieftasche stecken und bei dir tragen; oder du legst ihn unter dein Bett. Auf diese Weise wirken seine Energien auf dich ein, während du schläfst.

Runenstäbe sind wie Medikamente: Sie tun genau das, wofür sie entwickelt worden sind. Deshalb sind sie auch so wirkungsvoll. Aber genau wie bei Medikamenten besteht leider auch hier die Gefahr von Nebenwirkungen.

Dabei kommt es auf die Absicht des Menschen an, der den Zauber gewirkt hat. Wenn ich einen Stab mit den drei Runen aus dem obigen Beispiel (Uruz, Eihwaz und Dagaz) herstelle, entsteht dadurch die Energie dessen, was ich als Selbstvertrauen empfinde. Problematisch wird die Sache nur dann, wenn ich mir nicht über meine Absicht im Klaren bin. Wenn ich einfach absichtslos irgendwelche Runen auf einen Stab zeichne, werden die Runen selbst entscheiden, mit welcher Energie sie ihn erfüllen sollen. Das könnte zum Beispiel Sturheit, Gift und Veränderung sein; und diese Energie möchte ich nicht in mein System hineinholen. Also sei dir stets genau über deine Absicht im Klaren.

Den Runenstab entsorgen

Wenn du deinen Stab nicht mehr brauchst, sei vorsichtig, denn solche Stäbe sind wie Atommüll: Sie strahlen ihre Energie auch weiterhin ab. Also verbrenne deinen Runenstab, denn die darin verbliebene Runenenergie kann sich ausbreiten und zu einer unbeabsichtigten energetischen Verunreinigung führen.

Bindungsrunen

Bei Runenstäben nutzt man die individuellen Energien einzelner Runen, um einen Zauber zu wirken. Nun möchte ich dir eine andere Art von Zauber vorstellen: Bindungsrunen.

Bindungsrunen zu gestalten ist eine anspruchsvollere künstlerische Aufgabe als die Herstellung von Runenstäben. Es erfordert auch reiflichere Überlegung, da die Konstrukte, die dadurch entstehen, zu ungewollten Ergebnissen führen können. Bei der Herstellung einer Bindungsrune fasst du eine Absicht, rufst dann alle Runen herbei, die dich in dieser Absicht unterstützen, und legst sie übereinander. Die verschiedenen Runenformen fügen sich zusammen, um die gewünschte energetische Resonanz zu erzeugen.

Wie man eine Bindungsrune herstellt

Du brauchst dazu ein Stück Schmierpapier, einen Stift, ein ungefähr 5 mal 5 cm großes Stück Holz oder einen Kieselstein mit einer flachen Seite und irgendetwas, um die Rune auf dem Holz oder Kieselstein anzubringen. Ein Edding eignet sich ganz hervorragend dazu.

- Baue zunächst deine Konzentration auf. Nimm dein Tagebuch zur Hand und schreibe dreimal hintereinander hinein, was du mit deiner Bindungsrune erreichen möchtest. Drück dich dabei ganz klar und präzise aus. Ich habe als Beispiel hier das Thema »Schutz für ein neugeborenes Baby« gewählt.

- Wähle die Runen aus, die diese Energie in deinen Augen verkörpern. Ich wähle Algiz für Schutz, Wunjo für Glück und Ingwaz für »groß und stark werden«.
- Nimm deine erste Rune und mach sie zur Basis deiner Bindungsrune. Ich beginne gerne mit einer Rune, die eine gerade Linie in der Mitte hat, weil ich Symmetrie mag. Deine Bindungsrune muss aber nicht unbedingt symmetrisch sein; sie muss nur für dich gut aussehen.
- Lege nun die nächste Rune über deine Grundrune. Ich habe Algiz als Grundrune verwendet, weil es einfach ist, eine weitere Rune an ihren geraden Stiel anzuhängen.

- Bevor du mit den nächsten Runen weitermachst, skizziere zunächst einmal ein paar Entwürfe auf dein Schmierpapier, damit du siehst, in welche Richtung sich das Design entwickelt und ob es auch gut aussieht. Während meiner Arbeit in der Notaufnahme eines Krankenhauses habe ich gelernt, dass ein Verband seinen Zweck umso besser erfüllt, je ordentlicher und schöner er aussieht. Das Gleiche gilt auch für Bindungsrunen; also fertige zunächst einmal ein paar Skizzen auf einem Blatt Papier an.
- Nun baust du deine Bindungsrune weiter auf. Du kannst dabei

Linien ausradieren und neue einfügen, bis das Bild entstanden ist, das dich am meisten anspricht. Wenn du möchtest, kannst du deine Bindungsrune auch mehrmals hintereinandersetzen.

- Notiere oder merke dir die Reihenfolge der verschiedenen Schichten und gestalte deine Bindungsrune dann weiter auf so künstlerische Weise aus, wie du möchtest - je schöner, desto besser. Denke daran, dass sie nicht symmetrisch sein muss. Diese Vorstellung kann für unser modernes Empfinden befremdlich sein. Hier die Bindungsrune, die ich gestaltet habe: Wunjo, Algiz und Ingwaz.

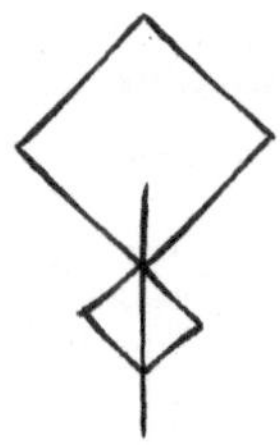

- Wenn du deine Bindungsrune skizziert hast und mit ihrer Form und Struktur zufrieden bist, kannst du sie auf deinem Holz oder Stein anbringen. Auch hier gilt: Wenn du nicht gut mit Werkzeugen umgehen kannst, überlege dir lieber eine andere Methode! Ein Edding ist eine gute Übergangslösung.

Hüte dich vor versteckten Absichten!

Vielleicht hast du deine Bindungsrune aus den drei Runen konstruiert, die für deine Absicht stehen – aber was könnte sonst noch in dieser Bindungsrune verborgen sein? Steckt da zum Beispiel Isaz drin?

Eindeutig. Welche anderen Runen haben sich sonst noch in deine Bindungsrune eingeschlichen, die du dort eigentlich gar nicht haben wolltest?

Achte auf deine Absicht und auf mögliche energetische Nebeneffekte. Denke jedoch daran, dass man solche unbeabsichtigten Energien auch nutzen kann, um eine stärkere Bindungsrune herzustellen, die mehr Energie enthält.

Aus den drei oben beschriebenen Runen könnte man zum Beispiel sehr leicht auch Othala formen. Und das ist etwas Gutes – denn ein starkes Unterstützungsnetzwerk wird das Baby auf jeden Fall schützen!

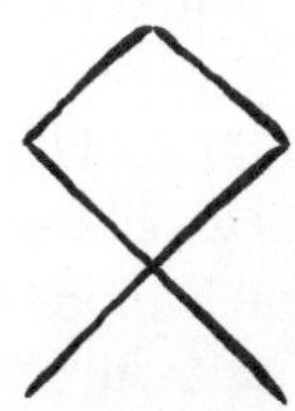

Aber was wäre, wenn ich versehentlich Hagalaz in meine Bindungsrune einbringe? Dann müsste ich mich wahrscheinlich auf ein paar heftige Babywutanfälle einstellen.

Das ist die Kunst bei der Herstellung einer Bindungsrune: Du musst während der Arbeit an dieser Rune erkennen, welche Energien angezogen werden, und darauf achten, keine Energie einzubringen, die du nicht haben willst.

Verwendungszwecke für eine Bindungsrune

Denke daran, dass du die Bindungsrune verbrennen solltest, wenn du dein Ziel erreicht hast; also bringe sie am besten auf einem Stück Pappe oder dem Stiel eines Lutschers an und platziere sie dann dort, wo sie für dich am hilfreichsten ist. Soll sie mehr Lust in dein Schlafzimmer hineinbringen? Dann befestige sie am Kopfende deines Betts. Soll sie dir zu mehr Kreativität bei der Arbeit verhelfen? Dann ist dein Computermonitor der richtige Platz für sie. Hättest du gern mehr Erfolg in der Schule? Dann klebe oder zeichne sie auf dein Federmäppchen oder deinen Laptop. Die Möglichkeiten sind endlos. *Du* entscheidest, wie du die Energien deiner Rune einsetzen möchtest.

Bindungsrunenzauber lösen

Wenn du dein Ziel erreicht hast, solltest du deine Bindungsrune verbrennen, weil die Runenenergie sonst womöglich weiterexistiert, sich ausbreitet und unbeabsichtigte energetische Verunreinigungen verursachen kann. Wenn du deine Bindungsrune mit Filzstiftmarker auf einen Stein aufgetragen hast, reibe den Stein mit Nagellackentferner oder Spülmittel ab, um die Linien zu entfernen. Du brauchst nicht unbedingt sämtliche Spuren der Bindungsrune zu beseitigen. Dabei kommt es vor allem auf deine Absicht an: Dadurch wird die Magie gebrochen.

Runen singen

Wenn du dich für musikalisch hältst, kannst du beim Kochen, Putzen oder Nähen *Galdr* praktizieren und deine Runen in die Aufgabe hineinsingen, an der du gerade arbeitest, um sie dadurch zu stärken. Singe Runen der Ruhe ins Familienessen, Runen der Reise in den Tank deines Autos und Schutzrunen in den Kindersitz deines Autos. Fühle dich in die Energie der gesungenen Runen hinein, um sie dir zu eigen zu machen. Uruz ist eine tiefe Schwingung, die aus dem Bauch herauskommt, Raido ist ein Schlachtruf oder Freudenschrei, Nauthiz ein Flüstern. Spiele mit den Lauten und achte dabei auf die Energien um dich herum - denn wenn die Energien stimmen, werden sie sich auch richtig anfühlen. Du wirst es spüren, wenn du deine persönliche Runenschwingung erreicht hast.

Einsatz von Runen für unfreundliche oder böse Zwecke

In der nordischen Tradition gibt es kein Gesetz der Drei (das Gesetz, dass alles, was du austeilst, dreifach zu dir zurückkehrt); allerdings gibt es das Gesetz der Vergeltung: Was du anderen antust, kommt zu dir zurück. Wenn du also eine Bindungsrune oder einen Runenstab mit negativen Absichten schaffst, solltest du Maßnahmen ergreifen, um diesen Rückschlag abzumildern. Denke daran, dass es bei den altnordischen Völkern verpönt war, kleinlich, rachsüchtig oder grausam zu sein; aber Rache war gesetzlich erlaubt.

Deine energetischen und spirituellen Führer um Rat zu fragen und sie auf deiner Seite zu haben, das ist immer sinnvoll, wenn es darum geht, negative Auswirkungen deiner Zauber abzumildern. Am besten ist es jedoch, darauf zu achten, dass du niemandem etwas antust, was du selber nicht erleben möchtest, denn deine Energie wird in dein *Wyrd* hineingewoben. Schließlich hast *du* sie geschaffen!

Wie geht es jetzt weiter?

Du hast nun deine ersten Schritte auf dem Runenweg gemacht. Was kommt als Nächstes?

Wenn du dich intensiver mit den Runen beschäftigst, sie näher kennenlernst und dir deine persönliche Runenpraxis aufbaust, werden dir vielleicht ein paar energetische Veränderungen in deinem Leben auffallen. Vielleicht fühlst du dich beispielsweise zu bestimmten Gottheiten hingezogen, oder sie fühlen sich zu *dir* hingezogen. Vielleicht erscheinen dir (wie mir) Hugin und Munin, wenn Odin vorbeikommt, um zu prüfen, ob du auf dem richtigen Weg bist.

Diese energetischen und mentalen Veränderungen werden subtil und einschneidend zugleich sein. Hab keine Angst davor, dich auf dieses Neue in deinem Leben einzulassen, deinen Kurs dementsprechend anzupassen, dir manche Dinge noch einmal genau durch den Kopf gehen zu lassen und zu überlegen, wie sie in dein Weltbild hineinpassen.

Vielleicht erhältst du bei dieser Arbeit sofortige Ergebnisse (falls ja, vergiss nicht, dich dafür zu bedanken) – aber rechne nicht damit. Nimm dir Zeit für den Aufbau deiner Beziehung zu den Runen. Dann kannst du sie nach und nach immer weiter vertiefen.

Vertiefe deine Runenerfahrung

Und nun habe ich noch ein paar zusätzliche kleine Informationen für dich, die dich bei deiner Arbeit mit den Runen weiterbringen können. Das sind Anregungen, die vielleicht nicht bei jedem funktionieren; aber wenn sie dir etwas bringen, können sie deine Runenerfahrung vertiefen.

Erinnerst du dich noch daran, was ich am Anfang gesagt habe? Über Wurzeln? Über die tief im Boden verankerten Wurzeln der Runentradition und die neuen Äste, die dieser Runenbaum austreiben kann? Es gibt jede Menge Äste, Zweige und Blätter; einige davon sind in der unten stehenden Tabelle aufgeführt. Sie ist zwar bei Weitem nicht vollständig, enthält aber ein paar Grundideen, die mir bei meiner Arbeit mit den Runen sehr weitergeholfen haben. Auf die Entsprechungen zwischen Runen und Kristallen bin ich durch meine eigene intuitive Forschungsarbeit gekommen. Nutze diese Informationen nach eigenem Gutdünken und scheue dich nicht, sie so zu ergänzen, zu verändern oder zu adaptieren, wie es deiner Erfahrung des Kosmos am ehesten entspricht. Ich möchte dich nur darum bitten, dabei auf dem vorigen Fundament aufzubauen, das deine jetzige spielerische Entdeckungsreise überhaupt erst möglich macht.

Runenname	**Kristalle**	**Elemente**	**Assoziationen**
Fehu	Bernstein, Moosachat, Gold	Feuer und Erde	Vieh, Gold, Feuer, Geld, Ressourcen, Ansehen, Handel
Uruz	Bernstein, Gagat	Erde	Ochse, Stärke, rohe Kraft
Thurizaz	Saphir	Feuer	Dorn, Stachel, Blitz, Kraft, durchdringend
Ansuz	Smaragd	Luft	Asche, Fliegenpilz, Inspiration, Magie, Weisheit, Sprache, Eiche
Raido	Türkis, Chrysopras	Luft	Pferd, Ziege, Luft, Basilikumöl, Eiche
Kenaz	Heliotrop, optischer Calcit	Feuer	Wurm, Eule, rot, orange, Kiefer

Runenname	**Kristalle**	**Elemente**	**Assoziationen**
Gebo	Opal	Wasser	Ackerstiefmütterchen, Gold, Ulme
Wunjo	Diamant	Luft	Indigo, Schmetterling, Asche, Kamille, Wärme
Hagalaz	Onyx	Wasser und Luft	blau, grau, Asche, Hagel, Wasser
Nauthiz	Lapislazuli	Feuer	Bärtierchen, Buche, Pfeffer, blutrot, die Farbe Schwarz
Isaz	Himalaya-Quarz	Wasser	Rentier, Eisbär, die Farbe Weiß, Eis, Schnee, die Farbe Schwarz, Erle
Jera	Karneol	Erde	Adler, Rosmarin, Kiefer, grün, blau
Eihwaz	Topas	Feuer	Feuer, Energie, Eibe, orange, der Bogen, Benzoe
Peroth	Aquamarin	Wasser	Sex, Schicksal, Wasser, Glück, Birne, Apfel, Spaß, Spiele, Gesang
Algiz	Amethyst	Luft	Hirsch, Schwan, grün, Anpassung, Technologie
Sowolio	Rubin	Feuer	Pfefferminze, der Schild, Gold, Adler
Tiwaz	rote Koralle	Luft	das Schwert, Eiche, Speer, rot, Thymian
Berkanan	Mondstein	Erde	Birke, Erneuerung, grün, Mond, Eichhörnchen
Ehwaz	optischer Calcit	Luft	Asche, Apfel, weiß, Trommelschlag, Pferd
Mannaz	Granat	Erde und Luft	Mensch, Rabe, Fliegenpilz, blau
Laguz	Salzkristall, Perle	Wasser	Wasser, das Unbekannte, Gefühle, blau, Boot, Seetang, Fjord, Meer, See
Ingwaz	Bernstein	Erde	Same, Eber, Fruchtbarkeit, Phallus, Vulva, Apfel, Beinwell
Othala	Blutstein	Feuer und Erde	Familie, Vorfahren, Herd, gelb, Weißdorn, Lavendel
Dagaz	Smaragd	Feuer	Tag, Eberesche, Tür oder Tor, Falke, Linde

An dieser Stelle gehst du über die Grundkenntnisse hinaus und wirst zu einem eigenständigen Runenpraktiker. Also erweitere deine Erfahrung mit den Runen ruhig so, wie du es möchtest!

Deine eigene Praxis auf guten, starken Runenwurzeln aufzubauen hat viele Vorteile. Das Beste daran ist, dass dein Wissen und deine praktischen Fähigkeiten mit der Zeit immer weiter wachsen und zu deiner eigenen, individuellen Arbeitsweise werden können.

Also scheue dich nicht, deine persönlichen Assoziationen in diese Tabelle einzufügen! Was tritt mit dir und einer bestimmten Rune in Resonanz? Spiele und experimentiere ruhig ein bisschen herum und adaptiere deine Praxis, um der großartige Runenheiler und -magier zu werden, der du im Grunde deines Herzens bereits bist.

Wenn du deine Runenerfahrung zu deiner ganz persönlichen Praxis werden lässt in dem Wissen, dass du für immer und ewig mit den Wurzeln des Runenbaums verbunden bist, wird die Energie des *Wyrd* um dich herumfließen. Je mehr du mit der Runenenergie spielst, arbeitest und interagierst, umso leichter wird es dir fallen, deinen Platz im *Wyrd* zu finden und deine Energie auf einem starken Fundament aufzubauen.

Denke daran, dass diese Energie noch mächtiger ist, wenn man sie mit anderen Menschen teilt. Mit der Weisheit und dem Wissen, das du in diesem Buch entdeckt hast, kannst du Bindungsrunen gestalten, Runen-Readings durchführen und Legemuster entwickeln, die sowohl dir als auch deiner Gemeinschaft weiterhelfen.

Apropos Teilen: Wenn du Fotos machst und ins Internet

stellst, dann markiere mich bitte, damit ich auch an deinen großartigen Ideen teilhaben kann: @richlisteruk.

Und zu guter Letzt …

Du hast nun Kontakt mit der Energie der Runen aufgenommen, sie studiert und vielleicht auch schon ein bisschen weiterentwickelt, hast die geheimnisvollen Zufälle und seltsamen Fügungen des *Wyrd* am eigenen Leib erfahren. Damit hast du dich auf den Weg eines Menschen begeben, der innerlich wach ist und das Energienetzwerk wahrnimmt, das uns umgibt, nährt, unterweist und miteinander verbindet.

Und nun lass uns diese Reise dort beenden, wo wir sie begonnen haben: an einem Feuer, inmitten flackernder Flammen, umgeben von Kiefernharzduft. Ich möchte dich dazu einladen, die Erde unter deinen Füßen, die Sonne auf deinem Gesicht und den Wind in deinen Haaren zu spüren, das Knistern des Feuers zu hören, den Duft der Kiefern in deine Lungen einzusaugen und zu wissen, dass du alles in deinem Inneren trägst, was du brauchst, um in diesem Leben einen hundertprozentigen Sieg zu erringen. Was auch immer das für dich bedeutet.

In großer Liebe
Rich xxx

Informationsquellen

Wenn du deinen Lernprozess noch weiter vertiefen möchtest, besuche bitte meine Webseite www.richard lister.com. Dort findest du Informationen über mich, meine Arbeit, meinen Blog und vieles mehr.

Und hier gibt es die Trommel-Audios: www.richardlister.com/resources

Bücher und Texte

Wenn du dich mit den Geschichten der altnordischen Völker befassen möchtest, dann suche im Internet nach den unten aufgeführten Büchern! Die meisten davon sind auch in gedruckter Form erhältlich.

The Elder Edda: A Book of Viking Lore, Penguin Classics 2011.

The Prose Edda: Tales from Norse Mythology, Penguin Classics 2005.

The Sagas of the Icelanders, Penguin Classics 2005.

The Saga of the Volsungs: The Norse Epic of Sigurd the Dragon Slayer, Penguin Books 1999.

Voluspa, the Viking Prophecy: More Than 1,000 Years Old, Gudrun Publishing 2006. Dieses Buch ist gar nicht so leicht zu finden. Ich habe meine Ausgabe in einem kleinen Laden in Paris entdeckt.

The Wanderer's Hávamál, Hackett Publishing Co. Inc. 2019.

Blum, Ralph: *The Book of Runes,* Oracle Books 1982.

Line, David & Julia: *Das Geheimnis der Runen,* Droemer Knaur 1989.

Nigel Pennick: *Runic Astrology. Starcraft and Timekeeping in the Northern Tradition,* The Aquarian Press 1990.

Pollington, Stephen: *Rudiment of Rune Lore,* Anglo-Saxon Books 2008; ein leicht verständlich geschriebenes wissenschaftliches Buch zum Thema Runen. Übrigens: Pollingtons Reenactment-Gruppe »Wulfheodenas« in ihrem frühmittelalterlichen Prunk und Zierat zu erleben ist eine wahre Freude: www.facebook.com/Wulfheodenas.

Rasmussen, Rune Hjarnø: *The Nordic Animist Year,* Nordic Animism 2020; in diesem Buch findest du viele fantastische Rituale und Magie für das ganze Jahr.

Rudolf, Simek: *Sagas aus der Vorzeit,* 3 Bände, Kröner 2022.

Spurkland, Terje: *Norwegian Runes and Runic Inscriptions,* Boydell and Brewer Ltd 2009; eine sehr ausführliche Darstellung der faszinierenden Welt der Runen.

Musik

Wardruna ist eine Band, die die Interaktionen von Menschen mit Runen sehr stark beeinflusst hat. Ihre Musik findest du auf www.wardruna.com – oder überall, wo es Musik anzuhören oder zu kaufen gibt. Ich kann die Musik und die Botschaft dieser Band von ganzem Herzen empfehlen.

Andere gute Beispiele für Galdur sind:

- Seidr Blot (www.facebook.com/seidrblot)
- Heilung (www.facebook.com/amplifiedhistory)
- Skáld (www.facebook.com/skaldvikings)

Die skandinavische Welt

Dieses Buch beruht auf dem Fundament des nordischen Animismus. Mehr darüber erfährst du unter www.nordic animism.com.

In den virtuellen Rundgängen der Museen in Bergen, Stavanger, Oslo, Birka und Uppsala gibt es viele Exponate zu diesem Thema, ebenso wie in den meisten anderen skandinavischen Museen. Mir gefallen vor allem die Runensteine in Stavanger. Im Polarmuseum in Tromsø gibt es einige großartige Felszeichnungen, die Vorläufer von Runen sind.

Und zu guter Letzt noch eine Warnung

Leider muss ich alle Leserinnen und Leser, die sich mit der altnordischen Überlieferung beschäftigen, darauf hinweisen, dass sich in dieser Arena auch viele Gruppierungen mit faschistischem Gedankengut tummeln, durch die das Bild dieser Kultur verfälscht worden ist: Menschen mit törichten faschistischen Idealen versuchen, sich altnordische Symbole und Praktiken für ihre Zwecke anzueignen. Dagegen sollte man sich entschieden wehren, um der Verfälschung dieses faszinierenden Kapitels der Menschheitsgeschichte einen Riegel vorzuschieben. Ich verurteile Menschen, die diese mächtige, heilige Kultur dafür vereinnahmen wollen, Hass und Gewalt zu verbreiten.

Um dich beim Besuch von Webseiten zum Thema Runen vor solchem Gedankengut zu schützen, solltest du auf ein paar Schlüsselbegriffe achten: »Ethnostaat« und »weiße Europäer«. Wenn es nach mir ginge, würden alle Botschaften mit rechtsextremen Untertönen nach Niflheim verdammt werden! Seriöse Webseiten legen offen, wer dahintersteht, und verurteilen Internetauftritte der anderen Art mit klaren Worten.

Anmerkung des Autors

Ich habe meinen spirituellen Weg im Jahr 2000 entdeckt, als ich noch in einem konventionellen Gesundheitsberuf arbeitete. Ich fand eine Gruppe Gleichgesinnter und folgte ihrem Weg. Ende 2005 bat ich meine Götter um Hilfe dabei, der Mensch zu werden, zu dem ich bestimmt war.

Das führte zu einigen interessanten Erfahrungen: Unter anderem war ich als Krankenpfleger, Yogalehrer, Massagetherapeut und Schamane tätig, habe mich dann zum Coach ausbilden lassen und mit Menschen gearbeitet, die unter Stresserkrankungen leiden.

Am wichtigsten war jedoch, dass ich dadurch die Liebe meines Lebens kennengelernt habe.

Und dann kam der Lockdown.

Alles hörte auf, alles veränderte sich. Ich bekam Covid-19, anschließend Long Covid. Während sich das Virus seinen Weg durch meinen Organismus bahnte und die Schäden, die es angerichtet hatte, allmählich wieder heilten, traten meine physischen und psychischen Schwächen zutage. Schwachstellen, die ich zuvor ignoriert hatte, wurden zu einer schmerzhaften offenen Wunde. Ich musste etwas ändern.

Zunächst veränderte ich etwas an meinem Ernährungs- und Bewegungsverhalten. Doch die Beschwerden nahmen zu. Also verlagerte ich meinen Schwerpunkt von einem psychologisch-medizinischen auf ein eher spirituelles Heilungsmodell. Dort fand ich mein Zentrum – den

Punkt, von dem aus ich wieder zu neuem Leben erwachen konnte.

Trotzdem wurden mein Körper und mein Geist immer noch von Visionen und Geräuschen heimgesucht. Ich konnte nicht schlafen, obwohl ich eigentlich ein *guter* Schläfer bin. Dann wurde mir allmählich klar, dass die Götter, die ich um Hilfe gebeten hatte, bereit waren, dass mein Geist bereit war und dass mein Körper … sich auf dem Weg dorthin befand. Also musste ich noch weitere Veränderungen durchlaufen. Ich musste der Welt ein bisschen mehr bieten.

Und hier bin ich nun. Nach einer zwanzigjährigen Entwicklung – von der Hightech-Notfallmedizin zur spirituellen Heilkunst – habe ich endlich mein inneres Gleichgewicht gefunden und bin bereit, dir zu helfen.

Ich arbeite mit Menschen aus der Ferne, aber auch in persönlichen Sitzungen an allem, was sie heilen und verändern möchten. Und in alle Aspekte dieses Heilungsprozesses beziehe ich auch die Runen mit ein.

Du findest mich in den sozialen Medien unter
www.richardlister.com oder @richlisteruk.

Dank

Ich möchte allen Menschen danken, die mich dorthin geführt haben, wo ich jetzt bin.

Meiner wunderbaren Frau Lisa, Steve Harrison, The Ragged Dragon und dem Universum. Ohne diese vereinten Energien wäre meine Arbeit nicht möglich.

Über den Autor

Richard Lister ist ausgebildeter Krankenpfleger, Experte für intuitive Körperarbeit, Lebenscoach und spiritueller Führer. Er arbeitet mit Klienten auf der ganzen Welt, bietet Einzelsitzungen, Workshops und Online-Coaching an und ist auf Embodiment, spirituelle Resilienz und persönliche Beziehungen spezialisiert.

Rich ist ein echter Wikinger, sein Interesse an allem Altnordischen begann bereits im Alter von vier Jahren. Seit zwei Jahrzehnten arbeitet er mit Runen und beschäftigt sich mit Runendeutung.

f richlisteruk
@richlisteruk
www.richardlister.com

Terry und Natalia O'Sullivan

Die prägende Kraft unserer Ahnen

Anleitungen, Übungen und Meditationen, um generationsübergreifende Familienwunden zu heilen

So schließen wir Frieden mit unserer Vergangenheit

Wir sind für alle Zeiten mit unseren Vorfahren verbunden. Neben wunderbaren Gaben und Talenten vermachen sie uns jedoch häufig auch ungeklärte Probleme: belastende Familiengeheimnisse, ungelöste Konflikte oder tiefliegende Traumata. Die moderne Forschung beweist, dass »vererbte Wunden« die Nachkommen auf psychischer oder physischer Ebene beeinflussen können. Natalia und Terry O'Sullivan arbeiten seit über dreißig Jahren auf dem Gebiet der Ahnenheilung. Anhand anschaulicher Beispiele erklären sie, wie wir alte Verletzungen in unserer Abstammungslinie erkennen und auflösen können.

Mithilfe von Ritualen, Übungen und Meditationen können wir das Positive in unserer Familiengeschichte annehmen und das Negative heilen – auch für zukünftige Generationen.

KNAUR.LEBEN

Sandra Anne Taylor / Kimberly Webber

Das Orakel der Priesterinnen des Lichts

53 Karten mit Anleitungsbuch

Die uralte Weisheit der Priesterinnen

Verbinde dich mit der spirituellen Klarheit der Priesterinnen, tauche ein in dein Unterbewusstsein und erfahre persönliches Wachstum. Die Karten schimmern lichtvoll und bringen uns heilende Schwingungen. Sie können für Vorhersagen genutzt werden, helfen uns aber auch bei Lebensentscheidungen. Das Begleitbuch beschreibt verschiedene Legemethoden, erklärt die Bedeutung der 53 wunderschön gestalteten Karten und beinhaltet Affirmationen, die die heilsame Energie jeder Karte unterstützen. Dieses Orakeldeck ermutigt uns dazu, unsere ureigenen Kräfte zu feiern.

KNAUR
MENSSANA